KB273746

나의 사랑
나의 어여쁜 자야

나의 사랑 나의 어여쁜 자야

지은이 | 이규현
초판 발행 | 2026. 3. 18.
등록번호 | 제1988-000080호
등록된 곳 | 서울특별시 용산구 서빙고로65길 38 두란노빌딩
발행처 | 사단법인 두란노서원
영업부 | 02)2078-3333   FAX | 080-749-3705
출판부 | 02)2078-3331

책값은 뒤표지에 있습니다.
ISBN 978-89-531-5273-1   03230

독자의 의견을 기다립니다.
tpress@duranno.com   www.duranno.com

두란노서원은 바울 사도가 3차 전도여행 때 에베소에서 성령 받은 제자들을 따로 세워 하나님의 말씀으로 양육하던 장소입니다. 사도행전 19장 8-20절의 정신에 따라 첫째 목회자를 돕는 사역과 평신도를 훈련시키는 사역, 둘째 세계선교(TIM)와 문서선교(단행본·잡지) 사역, 셋째 예수문화 및 경배와 찬양 사역, 그리고 가정·상담 사역 등을 감당하고 있습니다. 1980년 12월 22일에 창립된 두란노서원은 주님 오실 때까지 이 사역들을 계속할 것입니다.

나의 사랑
나의 어여쁜 자야

이규현

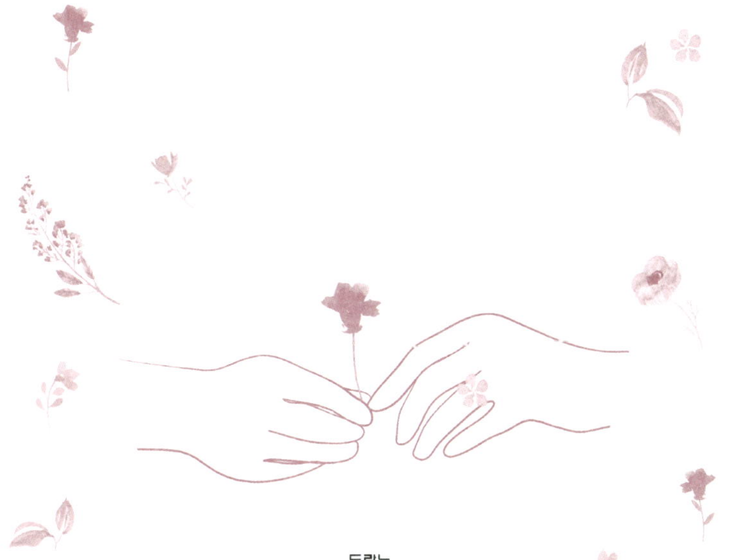

두란노

잃어버린 친밀함을 회복하라

한국 교회 안에 영적 건조증이 심하다. 영적 활력을 잃어버렸고 교회 안에는 생기가 현저히 사라졌다. 코로나19를 지나며 더 심해졌다. 예배와 활동들은 다시 시작되었지만 왠지 신바람이 나지 않는다. 늘 경계해야 하는 것은 영적 타성이다. 신앙생활 곳곳에 무미건조함이 스며들었다.

오랫동안 신앙생활을 하다 보면 자신도 모르게 형식만 남고 내용은 부실해진다. 예배 의식에는 참여하지만 예배 안으로 들어가지 못하는 모습들, 기도회에 참석은 하지만 주님과의 친밀함은 느끼지 못한다. 부르짖지만 허공을 향한 듯 열정도, 진심도 없어 보인다.

부부 관계가 그렇다. 친밀함은 사라지고 의무적 관계만 남는다면 삶은 무료해진다. 기계적이고 수동적인 관계는 효율성을 따지는 상업적 거래가 된다. 행위와 말은 무성한데 사랑이 종적을 감추면 불편하고 피곤한 관계만 남는다. 한국 교회는 점점 제도화되어 가고 전통에 굳어져 있다. 많은 것이 낡았다. 외적 행위에 기울어진 신앙의 패턴 탓에 피로증세와 희생자 증후군이 만연해 있다.

아무리 뜨거웠던 사랑이라도 식을 수 있다. 하나님과의 관계도 마찬가지다. 하나님과의 친밀함을 놓치고 나면 차가운 교리만 남는다. 신앙은 형식만 남고 모든 것은 관념화된다. 신앙은 진부해지고 무기력 증세를 드러낸다. 영적 게으름이 찾아온다. 관계는 위기를 맞는다. 환희와 경이로움이 사라지면 기대감은 현저히 줄어든다.

아가서는 사랑의 밀도를 끌어올린다. 사랑의 원형으로 돌아가도록 돕는다. 친밀한 관계는 추상적이지 않다. 미지근한 관계에서 사랑의 밀실로 이끌어들인다. 농도 높은 사랑이 시작된다. 주님과의 첫사랑으로 돌아가게 한다. 구원은 거대한 사건이다. 이스라엘 백성들의 출애굽 사건처럼 드라마틱하다. 환희로 가득하고 경이로움 그 자체다. 구원은 하나님과 교리적 연결만을 말하지 않는다. 하나님과의 친밀한 관계 회복이다. 섬세하면서도 압도적인 사랑에 이끌릴때 잠자던 영혼이 깨어난다

아가서는 개인적이고 친밀한 사랑의 관계 안으로 우리를 끌

어들인다. 친밀감을 잃어버린 건조한 관계만 남아 틀에 박힌 의식의 반복이 되지 않으려면 하나님의 절절한 사랑의 초대에 응해야 한다. 아가서 안에는 진부한 장면이나 말은 하나도 없다. 농도 짙은 사랑의 언어들이 가슴을 두근거리게 한다. 솔로몬과 술람미 여인이 펼치는 사랑의 열기는 한순간도 긴장을 놓치지 않게 한다.

아가서를 펴는 순간부터 사랑의 열기로 후끈 달아오를 것이다. 그 사랑은 우리 가슴을 뛰게 한다. 춤추게 한다. 놀라움, 경이로움으로, 기쁨, 환희, 행복, 안식이 넘치는 세계로 안내한다. 아가서를 통해 냉담했던 가슴에 사랑의 불이 타오르게 되기를 기대한다.

문자로 전달되는 한계가 있지만 성령께서 독자들의 가슴에 사랑의 불이 지펴 주시기 원한다. 구원의 환희는 물론 하나님과의 친밀함 안으로 들어가 사랑으로 지펴진 가슴으로 병든 세상을 껴안고 주님의 사랑을 세상에 드러내는 길로 나아가기를 기대한다.

이 책은 연말연초에 3주동안 진행한 특별새벽기도회에서 성도들과 아가서를 살피며 행복한 시간을 보낸 결과물이다. 15년 동안 특새를 인도하면서 느끼는 것은, 우리 교회 성도들은 참으로 탁월한 청중이라는 것이다. 말씀에 대한 흡입력이 너무 강력해 설교자로서 보람을 느끼는 것은 물론, 더 애정어린 설교자가 되어 간다. 이른 새벽, 어린 아이들의 초롱초롱한 눈망울, 청년들의 밝은 얼굴, 예배당을 가득 메운 새벽 열기는 그야말로 잊지 못할 장관이었다. 마치 천국을 간접적으로 경험한 듯했다.

이 책이 나오도록 수고한 분들의 노고에 감사를 드린다. 두란노와 실무를 맡은 손영광 목사, 그리고 수영로 홍보실의 스태프들에게도 감사를 드린다. 무엇보다 늘 최고의 내조로 동역해 주는 아내와, 나의 동역자로서 서울에서 목회를 하고 있는 아들 지원 목사와 세 손주, 그리고 둘째 아들 세원과도 기쁨을 함께 나누고 싶다. 모든 것은 하나님의 은혜였음을 고백하고 하나님께 영광을 돌린다.

부산 해운대에서
이규현 목사

머리말 4

Part 1

갈망할수록 깊어지는 사랑

Part 2

위기를 이기는 사랑

part 1.

갈망할수록 깊어지는 사랑

완전한 사랑에 매료되다 *

완전한 사랑에 매료되다 *

| 아가서 1:1-4 |

1 솔로몬의 아가라

2 내게 입맞추기를 원하니 네 사랑이 포도주보다 나음이로구나

3 네 기름이 향기로워 아름답고 네 이름이 쏟은 향기름 같으므로 처녀들이 너를 사랑하는구나

4 왕이 나를 그의 방으로 이끌어 들이시니 너는 나를 인도하라 우리가 너를 따라 달려가리라 우리가 너로 말미암아 기뻐하며 즐거워하니 네 사랑이 포도주보다 더 진함이라 처녀들이 너를 사랑함이 마땅하니라

하나님과 얼마나 친밀합니까

인생에서 가장 중요한 것은 사랑입니다. 하나님은 서로 사랑하며 살도록 우리를 창조하셨습니다. 바울은 "그런즉 믿음, 소망, 사랑, 이 세 가지는 항상 있을 것인데 그중에 제일은 사랑이라"(고전 13:13)고 말했고, "사랑은 율법의 완성"(롬 13:10)이라고도 했습니다. 요한은 "하나님은 사랑이심이라"(요일 4:8)고 증언합니다.

그런데 우리는 사랑하는 것에 익숙하지 않습니다. 사랑하는 것을 어려워합니다. 오늘날 과거 상처 때문에 사랑을 회피하는 사람이 많습니다. 그 이유를 거슬러 올라가 보면 결국 죄 때문이라는 것을 알 수 있습니다. 죄 때문에 사랑의 관계가 깨어졌습니다. 사랑해야 할 사람끼리 고통을 주고받게 되었습니다.

사람들은 온전히 사랑하지 못합니다. 우리가 아는 사랑은 온전한 사랑이 아닙니다. 사람들은 사랑을 자기만족을 위한 수단으로 여깁니다. 자기만족을 위해 사랑을 이용합니다. 사랑을 잘못 배워서 그렇습니다. 사랑은 하나님을 통해서 배워야 합니다. 그런데 오늘날 현대인들은 하나님을 만나기 전에 엉뚱한 곳에서 변질된 사랑을 먼저 배웁니다. 대중 매체의 영향이 매우 큽니다. 사람들은 사랑의 행위만 강조합니다. 성을 상업화합니다. 그 결과, 부부 관계에서도 사랑이 변질되었습니다. 배우자를 기쁘게 하고 사랑하려고 하기보다 배우자와 싸워 이기려고 합니다. 이것은 사랑이라 할 수 없습니다.

사랑은 관계입니다. 관계가 '질적'으로 깊어지면 친밀함(intimacy)이 됩니다. 사랑하는 사람은 서로 친밀합니다. 친밀하지 않은 사랑은 온전한 사랑이라고 말할 수 없습니다. 우리는 많은 사람과 관계를 맺고 살아가지만 친밀한 관계는 많지 않습니다. 수많은 사람을 만나지만, 자신의 유익을 위해 만날 뿐입니다. 친밀하지 않으니 관계를 오래 지속하지 못합니다.

최근 하버드대학교 연구팀이 "삶의 행복을 결정하는 핵심 요인"을 주제로 오랜 기간에 걸쳐 연구한 결과를 발표했습니다. 그 내용에 따르면 가족, 친구, 공동체와의 연결이 긴밀할수록 행복지수가 높았다고 합니다. 즉 우리의 행복은 부나 명예, 학벌이 아니라 '따뜻하고 의지할 수 있는 인간관계'에서 결정된다는 것입니다. 결국 핵심은 관계이며, 그 관계의 깊이를 결정하는 요소가 친밀함입니다.

이 세상에서 부부보다 더 친밀한 관계가 있을까요? 만약 부부 사이가 친밀하지 않다면, 의무적으로 관계를 유지할 뿐입니다. 따라서 행복한 가정의 핵심은 부부가 친밀함을 어떻게 유지하는가에 있습니다. 친밀한 관계를 통해 행복을 느낄 수 있습니다. 그 행복 속에서 에너지가 발생합니다.

신앙생활에서도 마찬가지입니다. 신앙생활을 한다는 것은 하나님과 사랑의 관계를 맺는 것입니다. 그러므로 하나님과 친밀해지는 것이 신앙생활의 핵심입니다. 대표적으로 우리는 기도를 통해 하나님과의 관계를 확인할 수 있습니다. 기도는 하나님께 일방적으로 호소하거나 부르짖는 것이 아닙니다. 기도는 하나님과 친밀하게 교제하는 것입니다.

그런데 기도하는 것을 어렵게 생각하는 사람이 많습니다. 기도하지만 하나님과의 친밀함을 경험하지 못하기 때문입니다. 이런 사람은 자신의 필요를 해결하기 위해 기도할 뿐입니다. 계속 이렇게 기도한다면 자칫 기도를 하나님과 거래하는 것으로 여길 수 있습니다.

하나님을 사랑하는 마음 없이 신앙생활을 하는 사람은 무엇을 하든 의무적으로 할 뿐입니다. 이런 사람은 기도와 예배가 즐겁지 않습니다. 신앙생활을 시작했을 때는 예배 시간이 즐거웠습니다. 그런데 세월의 흐름에 따라 영적으로 메말라 갑니다. 하나님을 사랑하는 마음이 식었기 때문입니다.

요한계시록 2장에 보면, 예수님은 소아시아의 일곱 교회 중 에베소교회를 향해 "너를 책망할 것이 있나니 너의 처음 사랑을 버렸느니라"(계 2:4)고 말씀하셨습니다. 이것은 사랑의 행위가 전혀 없었다는 뜻이라기보다, 친밀함 없이 형식만 남아 있다는 의미입니다. 예배를 드리고 성경공부를 열심히 했지만, 형식적으로 했을 뿐입니다.

형식적으로 반복하는 것은 위험합니다. 신앙생활을 형식적으로 하다 보면, 시간의 흐름에 따라 자신도 모르게 무기력한 신앙인이 됩니다. 무기력한 신앙인은 신앙생활을 통해 기쁨을 경험하지 못합니다. 신앙생활에 기대하는 것이 전혀 없습니다. 이러한 모습은 이혼하지 않았지만 이혼한 것이나 다름없는 부부와 같습니다.

아가서는 우리에게 진정한 사랑을 가르쳐 줍니다. 아가서에 나오는 남녀의 사랑은 하나님의 사랑을 모방하고 있습니다. 이 사랑 이야기를 통해 하나님의 사랑을 섬세하게 표현하고 있습니다. 아가서에 등장하는 신랑과 신부는 하나님과 이스라엘, 그리스도와 교회를 가리킵니다. 우리는 아가서를 통해 참된 사랑의 아름다움을 알 수 있습니다.

아가서는 사랑의 노래입니다. 연애시입니다. 아가서에는 사랑에 대한 구체적인 내용이 기록되어 있습니다. 우리는 아가서를 통해 하나님과 친밀해져야 합니다. 지금까지 사랑을 생각하지 않고 살았다면, 아가서를 살펴보는 동안 무덤덤할 수 있습니다. 아가서가 어색하게 느껴질 수 있습니다. 그러나 사랑이 필요하지 않은 사람은 없습니다. 사랑이 필요하지 않을 때는 없습니다. 사랑은 우리의 가슴을 뛰게 합니다.

사랑보다 본질적인 것은 없습니다. 사랑보다 귀중한 것은 없습니다. 사랑은 우리를 살게 합니다. 하나님의 사랑은 우리를 숨 쉬게 합니다. 우리는 아가서 속으로 들어가 남녀의 사랑을 가까이에서 지켜보려고 합니다. 아가서를 살펴보는 동안, 우리의 가슴이 뛰었으면 좋겠습니다. 아가서를 통해 놀라운 호기심과 기쁨과 행복과 즐거움을 경험하기 바랍니다. 하나님이 보여 주시는 최상의 사랑을 경험하기 바랍니다.

참사랑은 영원한 만족과 기쁨을 줍니다

솔로몬의 아가라 아 1:1

아가서는 솔로몬이 썼습니다. 영어성경에서는 이 1장 1절을 "Solomon's Song of Songs"(NIV)라고 합니다. 그야말로 노래 중의 노래, 가장 뛰어난 노래, 비할 바 없는 탁월한 노래라는 의미입니다. 즉 아가서는 사랑의 노래입니다.

아가서에는 솔로몬이 술람미 여인과 나눈 사랑을 기록했습니다. 신랑과 신부가 서로 대화하는 내용이 기록되어 있습니다. 여기에는 독백과 대화가 섞여 있습니다. 누가 말했는지 분명하지 않은 부분도 있습니다. 분명한 것은 둘의 사랑이 '사랑 그 자체이신 예수 그리스도'를 나타낸다는 것입니다. 아가서는 그리스도와 성도의 사랑을 다룬 책입니다.

아가서에는 '하나님'이라는 단어가 직접적으로 등장하지 않습니다. 오히려 성적(性的) 표현이 많습니다. 그래서 아가서를 성인을 위한 책이나 세속적인 책으로 생각할 수 있습니다. 그러나 아가서를 통해 아름다운 사랑이 무엇인지, 아름다운 사랑을 어떻게 할 수 있는지를 배울 수 있습니다. 1세기 후반에 활동한 유대교의 랍비 아키바(Rabbi Akiva)는 "모든 성경은 거룩하다. 그러나 아가서는 지성소다"라고 말했습니다.

아가서는 상상력을 요구하는 시이며, 동시에 해석하기 까다로운 책이기도 합니다. 어떤 해석은 지나친 알레고리(풍유적) 해석으로 흐르기 쉽고, 또 어떤 해석은 반대로 상징과 이미지를 지나치게 제거해 버리기 쉽습니다. 그러므로 우리는 경건한 상상력과 절제된 해석 사이에서 본문을 정직하게 따라가야 합니다.

아가서는 성경 중에서도 해석하기 매우 어려운 책에 속합니다. 아가서는 시가서로서 암시적 표현이 많습니다. 그러므로 아가서를 온전히 이해하려면, 상상력이 필요합니다.

내게 입맞추기를 원하니 네 사랑이 포도주보다 나음이로구나 아 1:2

2절에 들어서자, 사랑이 시작됩니다. 신부가 먼저 말했습니다. 술람미 여인은 사랑하는 사람에게 자신의 갈망을 드러냈습니다. 술람미 여인이 솔로몬에게 입맞춤을 구하는 장면은 다소 도발적으로 느껴질 수도 있습니다. 그런데 이는 나쁜 것이 아닙니다. 여기에서의 입맞춤은 단순히 사랑의 감정을 표현하는 것이 아닙니다. 사랑하는 관계의 확증을 의미합니다.

입맞춤은 매우 개인적인 관계에서 일어납니다. 그러므로 술람미 여인이 "내게 입맞추기를 원하니"라고 한 말은 솔로몬과 깊이 소통하기를 원하는 자신의 갈망을 표현한 것입니다. 이것은 "내가 당신을 사랑합니다"라는 의미입니다. 사랑하면 친밀함을 원합니다. 사랑받고 있는 사람은 사랑을 더 받으려고 합니다. 사랑을 경험한 사람은 사랑을 갈망합니다. 갈망하는 사람은 자신의 갈망을 표현합니다. 부부 관계에서 상대에게 요구가 많아진다면, 더욱 친밀해지기 원해서입니다. 상대방에게 갈망하는 것이 없다면 사랑하는 관계라고 말할 수 없습니다.

신앙생활을 할 때도 사랑을 경험하는 것이 먼저입니다. 십자가를 통한 하나님의 사랑을 경험했습니까? 신앙생활은 교리를 이해하는 것이 아닙니다. 하나님의 사랑을 경험하고 누리는 것이 신앙생활입니다. 하나님의 사랑에 대해 아는 것과 경험하는 것은 다릅니다.

하나님과 나의 관계는 지극히 개인적입니다. 하나님은 내게 다가오셔서 나를 부르십니다. 하나님은 나와 지극히 개인적이고 인격적인 관계를 맺기 원하십니다. 이것이 입맞춤입니다. 하나님이 나에게 다가오시는 사건이 복음입니다. 이것이 신앙의 핵심입니다. 그러므로 하나님과 나의 관계가 매우 중요합니다.

우리는 하나님을 사랑할수록 그분을 갈망하게 되어 있습니다. 하나님을 더 알고 싶어 합니다. 하나님과 더 가까워지고 싶어 합니다. 이것이 영적으로 성장하는 사람의 특징입니다. 그런데 죄가 있으면, 하나님과 가까워질 수 없습니다. 죄는 우리가 하나님과 가까워지지 못하게 합니다. 하나님을 사랑하기보다 눈에 보이는 것을 사랑하게 합니다.

사람은 자신이 갈망하는 것에 집중합니다. 지금 무엇을 갈망하고 있습니까? 하나님보다 더 사랑하는 것이 있지는 않습니까?

2절 뒷부분에서 술람미 여인은 "네 사랑이 포도주보다 나음이로구나"라고 말합니다. 여기서 '낫다'는 것은 더 즐겁다는 의미입니다. 성경에서 포도주는 즐거움과 기쁨을 의미합니다. 잔칫집에는 포도주가 반드시 있습니다. 포도주 덕분에 잔치가 더욱 풍성해집니다. 그런데 포도주를 통해 느끼는 즐거움과 기쁨은 일시적입니다. 포도주에 취해 있는 동안만 즐겁고 기쁠 뿐입니다.

반면에 예수님의 사랑으로 인해 느끼는 기쁨은 시간이 지나도 사라지지 않습니다. 세상에서 경험하는 기쁨과 비교할 수 없습니다. 예수님의 사랑이 주는 만족감은 영원히 지속됩니다. 참된 사랑은 포도주보다 낫습니다.

> 주께서 내 마음에 두신 기쁨은 그들의 곡식과 새 포도주가 풍성할 때보다 더하니이다 시 4:7

세상 사람들은 감정적 사랑을 찾습니다. 그런데 육체적 사랑을 통해 느끼는 만족은 오래가지 않습니다. 금방 실망합니다. 허무를 느낍니다. 포도주는 육체의 감각을 자극합니다. 그러나 예수님의 사랑은 우리의 존재 전체를 변화시킵니다. 따라서 예수님의 사랑으로 즐거워하고 만족하는 사람은 다른 데서 즐거움을 찾지 않습니다.

신앙생활은 극기(克己)가 아닙니다. 고행(苦行)이 아닙니다. 신앙생활은 하나님과의 관계를 통해 기쁨을 누리는 것입니다. 신앙생활은 즐겁습니다. 목회도 즐겁습니다. 저는 목회하는 것이 행복합니다. 목회보다 행복한 것은 없다고 생각합니다.

하나님을 사랑하는 것이
최상의 행복입니다

> 네 기름이 향기로워 아름답고 네 이름이 쏟은 향기름 같으므로 처녀들이 너를 사랑하는구나 아 1:3

3절에서 향기름을 언급합니다. 고대 근동 지방은 덥고 습한 데다가 먼지가 많습니다. 그래서 사람들은 몸을 씻을 때마다 향료를 많이 사용했습니다. 향기로운 기름을 몸에 붓고 문질렀습니다. 그런데 3절에서는 이 향기가 사람의 후각을 자극하여 사랑을 북돋운다고 묘사합니다. 사랑하는 사람은 감각이 예민합니다. 모든 감각이 살아 있습니다. 입맞춤은 촉각을, 포도주는 미각을, 향기름은 후각을 통해 느낄 수 있습니다. 이처럼 사랑은 감각 기관을 자극합니다.

우리는 예수님을 통해서도 향기를 느낍니다. 복음서를 묵상하면, 예수님의 존재에서 비롯되는 향기를 느낄 수 있습니다. 이 향기는 예수님의 온유하고 겸손한 성품을 통해 드러납니다. 복음서뿐만이 아닙니다. 우리가 신앙생활을 하다 보면 예수님의 사랑을 통해 향기를 경험합니다. 이 향기가 우리 삶에 배어듭니다.

향기와 냄새는 다릅니다. 권력욕, 명예욕을 가진 사람에게서는 향기는커녕, 악취만 풍깁니다. 그런가 하면 말과 행동에서 예수님의 향기가 느껴지는 사람이 있습니다. 그리스도인은 세상 가운데 예수님의 향기를 풍겨야 합니다.

술람미 여인은 "네 이름"이 향기름 같다고 말합니다. 이름이 중요합니다. 이름을 부르는 것은 친밀한 관계를 의미합니다. 하나님도 우리의 이름을 부르십니다. 천국에는 우리의 이름이 기록된 생명책이 있습니다. 하나님은 우리의 이름을 아십니다. 관계가 친밀한 사람은 서로의 이름을 모를 수 없습니다. 서로의 이름을 부르면 관계가 더욱 친밀해집니다. 이와 마찬가지로 하나님은 우리의 이름을 부르시며 우리와 더욱 친밀해지기를 원하십니다.

> 왕이 나를 그의 방으로 이끌어 들이시니 너는 나를 인도하라 우리가 너를 따라 달려가리라 우리가 너로 말미암아 기뻐하며 즐거워하니 네 사랑이 포도주보다 더 진함이라 처녀들이 너를 사랑함이 마땅하니라 아 1:4

사랑은 자석처럼 상대를 끌어당깁니다. 이 끌어당기는 힘을 매력(魅力)이라고 합니다. 눈과 마음을 사로잡는 힘입니다. 매력 있는 사람이 있으면 나도 모르게 몸과 마음이 그쪽으로 기웁니다. 시선이 온통 그 사람에게로 향합니다. 그 사람만 보입니다. 다른 것은 보이지 않습니다. 그래서 사랑하는 사람을 향해 "사랑에 눈이 멀었다"고 말합니다. 사랑이 깊어지면, 온종일 그 사람과 같이 있고 싶어집니다. 잠시도 떨어지지 않으려고 합니다.

하나님을 처음 만났을 때, 이러한 현상이 나타납니다. 하루 종일 하나님만 생각합니다. 하루 종일 교회에 있고 싶어집니다. 하루 종일 하나님을 예배하고 싶어집니다. 예수님의 아름다움을 경험한 사람은 예수님을 더 알고 싶어 합니다. 예수님을 더욱 갈망합니다.

이처럼 예수님을 만난 사람은 그분의 매력을 경험합니다. 예수님은 구원받은 사람들을 끌어당기십니다. 우리를 끌어당기시므로 우리가 주님을 따릅니다. 신앙생활은 예수님의 매력을 경험하는 것입니다.

> 내가 사람의 줄 곧 사랑의 줄로 그들을 이끌었고… 그들 앞에 먹을 것을 두었노라 호 11:4

사랑은 사람을 끌어당깁니다. 이것이 사랑의 속성입니다. 4절에서 왕은 술람미 여인을 왕의 방으로 이끌어 들였습니다. 왕의 방, 곧 왕의 침실은 가장 깊은 곳입니다. 왕을 알현하는 곳입니다. 아무나 들어갈 수 없습니다. 초대받은 사람만 들어갈 수 있습니다. 왕이 아끼고 사랑하는 사람만 들어갈 수 있습니다. 왕의 방으로 들어가는 것은 개인적이고 친밀한 관계를 의미합니다. 왕이 조금이라도 불편하게 여기는 사람은 왕의 방에 들어갈 수 없습니다.

신자는 하나님과 비밀스러운 시간을 가져야 합니다. 드러난 공간에서 하나님께 기도하는 것으로 만족해서는 안 됩니다. 하나님과의 비밀스러운 시간을 통해 하나님과 깊이 사랑을 나누어야 합니다. 하나님과 깊이 사랑을 나누는 시간의 유무에 따라 신앙생활의 깊이가 달라집니다.

우리는 왕이신 예수님께 속한 사람입니다. 예수님이 우리를 왕의 방으로 초대하십니다. 예수님은 예수님께 속한 사람을 환대하십니다. 예수님께 속한 사람은 예수님과 즐겁게 교제합니다. 예수님은 우리에게 말씀을 가르쳐 주시고, 예수님의 영광을 보여 주십니다. 이 교제의 시간을 통해 우리는 예수님의 사랑을 받아 누립니다. 이 시간을 통해 예수님은 우리를 새롭게 하십니다.

우리는 하나님을 사랑하지만, 온전히 사랑하지는 못합니다. 우리의 사랑은 순수하지 않습니다. 어떤 신자는 하나님이 아니라 하나님이 주시는 것에만 주목합니다. 내가 하나님을 원하는지, 아니면 하나님이 주시는 것을 원하는지 생각해 보아야 합니다. 하나님이 주시는 것을 주목하는 사람은 하나님을 사랑하는 사람이 아닙니다. 하나님이 무엇을 주시는가보다 하나님을 만나는 것이 중요합니다.

하나님은 우리가 하나님을 순수하게 사랑하기를 원하십니다. "나는 하나님을 사랑합니다. 나에게는 하나님이 필요합니다. 하나님을 포기할 수 없습니다"라고 순수하게 고백할 수 있어야 합니다.

술람미 여인은 왕을 향해 "처녀들이 당신을 사랑하는 것이 당연합니다"라고 말합니다. 우리의 왕이신 하나님도 사랑받기에 합당하신 분입니다. 우리가 하나님을 찾기 전에 하나님이 우리를 먼저 찾으셨습니다. 우리가 하나님을 사랑하기 전에 하나님이 우리를 먼저 사랑하셨습니다. 그러므로 우리가 하나님을 사랑하지 않는다면, 누구를 사랑할 수 있겠습니까?

나에게 하나님을 사랑하는 마음이 있는지 점검해 보아야 합니다. 하나님을 사랑하는 마음으로 봉사하고 있습니까? 하나님을 사랑하는 마음으로 예배합니까? 오직 하나님만 생각하고, 하나님으로 인해 즐거워하고, 하나님만으로 만족했던 때를 기억합니까?

우리는 하나님을 사랑해야 합니다. 하나님을 사랑하는 마음으로, 하나님을 사랑하기 때문에 하나님의 일을 해야 합니다. 하나님을 사랑하면, 하나님의 일을 하는 것이 어렵거나 힘들지 않습니다. 하나님을 사랑하기 때문에 마음이 기쁩니다. 무슨 일이든 넉넉히 감당할 수 있습니다.

하나님은 우리와 친밀해지기를 원하십니다. 하나님과 친밀해지면 즐거움이 사라질 것이라고 생각하는 사람이 있습니다. 그렇지 않습니다. 하나님과 친밀해질수록, 하나님을 가까이할수록 우리의 마음은 즐겁습니다. 하나님의 사랑 안에서 충만한 기쁨을 경험할 수 있습니다. 하나님은 우리가 하나님의 사랑 안에서 즐거워하고 기뻐하기를 원하십니다.

하나님과 친밀해지는 것은 쉽지 않습니다. 그러려면 부지런히 노력해야 합니다. 시간이 필요합니다. 하나님과의 친밀한 관계를 통해 우리는 최상의 기쁨, 최상의 행복, 최상의 즐거움을 경험할 수 있습니다.

아가서를 살펴보는 동안 하나님과의 관계가 더욱 친밀해지기 바랍니다. 하나님의 사랑을 깊이 경험하기 바랍니다. 하나님과의 친밀한 관계 속에서 충만한 기쁨과 풍성한 은혜를 경험하기 바랍니다.

그가 나를 완전하게 하시다 ✻

| 아가 1:5-7 |

5 예루살렘 딸들아 내가 비록 검으나 아름다우니 게달의 장막 같을지라도 솔로몬의
휘장과도 같구나
6 내가 햇볕에 쬐어서 거무스름할지라도 흘겨보지 말 것은 내 어머니의 아들들이
나에게 노하여 포도원지기로 삼았음이라 나의 포도원을 내가 지키지 못하였구나
7 내 마음으로 사랑하는 자야 네가 양 치는 곳과 정오에 쉬게 하는 곳을 내게 말하라
내가 네 친구의 양 떼 곁에서 어찌 얼굴을 가린 자 같이 되랴

∙∙

나 자신과 얼마나 친밀합니까

아가서 1장 5절은 술람미 여인의 독백입니다. 사랑하는 이
에게 말하기보다, 자기 자신에게 말하는 듯한 방식으로 고백하
고 있습니다.

> 예루살렘 딸들아 내가 비록 검으나 아름다우니 게달의 장막 같을지
> 라도 솔로몬의 휘장과도 같구나 아 1:5

술람미 여인의 내면에 불안감이 살짝 비칩니다. 그는 자신
이 '검다'고 말합니다. 자신의 검은 피부를 '게달의 장막'과 같
다고 표현했습니다. 여기서 '게달'은 검은 염소 가죽으로 장막
을 치고 사는 아랍의 유목 민족입니다.

술람미 여인이 자기 피부를 검다고 한 것은 인종적인 특징

이라기보다는 햇볕에 그을려 미모가 출중하지 못하다는 의미입니다. 그는 자기 외모가 출중하지 못한 것을 인정하고 있습니다. 이는 부정할 수 없는 사실입니다. 자기 자신을 객관적으로 인식하는 것입니다. 이처럼 자신을 객관적으로 인식하는 것이 중요합니다. 그렇지 못하면 관계에서 어려움을 겪습니다. 자신을 정확히 모르기 때문입니다. 내가 나를 인식할 때는 좋고 나쁘다는 평가는 접어 두어야 합니다. 그저 자신에 대해 정직해야 합니다. 자기 모습을 있는 그대로 받아들이고 이해하는 것이 중요합니다.

> 내가 햇볕에 쬐어서 거무스름할지라도 흘겨보지 말 것은 내 어머니의 아들들이 나에게 노하여 포도원지기로 삼았음이라 나의 포도원을 내가 지키지 못하였구나 아 1:6

술람미 여인은 포도원에서 열심히 일하느라 햇볕에 그을려 피부가 검어졌습니다. "어머니의 아들들이 나에게 노하여 포도원지기로 삼았"다는 말에서, 가족들이 그를 멸시하고 학대했다는 정황을 엿볼 수 있습니다. 가까이에 있는 사람들이 악의를 가지고 조롱했을 가능성도 생각해 볼 수 있습니다. 이런 정황을 살펴볼 때 술람미 여인은 궁중의 여인이 아니라 시골 출신의 노동자인 것을 알 수 있습니다. 그는 포도원에서 일하느라 외모를 관리할 여유가 없었습니다.

술람미 여인은 "내 피부가 거무스름하더라도 흘겨보지 말아라"고 말합니다. 이는 사람들이 자신을 바라보는 것을 싫어했고, 자신의 존재가 알려지고 입에 오르내리는 것을 원치 않아 자신을 감추고 싶어 했다는 마음을 드러냅니다. 5절에서도 독백이기는 하지만 "예루살렘의 딸들아"라고 하면서 마치 여러 여인에게 말하는 것처럼 표현하고 있습니다. 술람미 여인이 사람들의 시선을 의식하고 있다는 뜻입니다.

당시 사람들은 얼굴이 검게 그을린 것을 매력으로 여기지 않았습니다. 술람미 여인의 외모를 두고 이러쿵저러쿵 말을 많이 했을 것으로 예상됩니다. 술람미 여인도 자신의 모습을 전적으로 부정하지 않았습니다. "내가 비록 검으나"라고 말한 것은 자신이 사랑받을 만하지 않다는 사실을 인정한 것입니다. 그러나 이 말이 스스로를 비난한 것은 아닙니다.

술람미 여인은 사람들의 평가를 절대적인 기준으로 삼지 않습니다. 오히려 자신의 외모를 긍정적으로 받아들였습니다. 그는 "내가 비록 검으나 아름다우니 게달의 장막 같을지라도 솔로몬의 휘장과도 같구나"라고 말했습니다. 검으나 아름답다는 것은 모순된 표현입니다. 그런데도 그는 자신감이 있었습니다. 자기 모습을 수치스럽게 생각하지 않았습니다. 얼굴이 검다는 이유로 사람들이 자신을 비천하게 여기더라도, 스스로는 아름답다고 생각했습니다.

이를 통해 술람미 여인이 사랑하는 이로부터 사랑을 충분히 받고 있음을 짐작하게 합니다. 솔로몬이 술람미 여인을 사랑했습니다. 그래서 그는 자신의 검은 피부를 수치스럽게만 여기지 않았습니다. 술람미 여인은 건강한 자아상을 가지고 있습니다.

다른 사람이 나를 어떻게 보는가보다 더 중요한 질문이 있습니다. "내가 나를 어떻게 바라보는가?"입니다. 사람들의 시선을 무시할 수는 없습니다. 그러나 사람들의 평가를 중요하게 여긴 나머지, 그 사람들의 시선에만 집중해서는 안 됩니다.

어떤 사람은 주변 사람들과 어울리고 관계 맺기를 어려워합니다. 자존감이 낮은 사람들이 종종 그렇습니다. 음악적 감각이 무뎌 소리를 바르게 내지 못하는 사람을 '음치'라고 합니다. 이와 마찬가지로 사람들과 관계 맺는 것을 어려워하는 사람을 가리켜 '관계치'(關係癡)라고 말할 수 있습니다. 관계치는 사람들과 어떻게 관계해야 하는지를 잘 알지 못합니다. 그 결과, 데이트 폭력, 스토킹, 집착 등 관계 중독 현상이 나타나기도 합니다.

자존감이 낮은 사람들 중에는 관계의 어려움에 빠져 허우적대다가 자기 스스로를 비난하는 사람이 많습니다. 주변에서 아무리 자신에 대해 긍정적으로 말해 줘도 믿지 못합니다. 자신을 부정적으로 생각하기 때문입니다. 그러면 가장 불편한 사람은 결국 자기 자신입니다. 자신을 부정적으로 생각하면 삶이 어두울 수밖에 없습니다.

내가 나를 무시한 결과 열등감이 생깁니다. 그 열등감을 극복해 보겠다고 몸부림칩니다. 성공하기 위해 악착같이 노력하기도 합니다. 그러나 성공했다고 해서 자존감이 자동으로 높아지는 것은 아닙니다. 오히려 삶이 점점 피곤해집니다. 자존감이 낮을수록 비교 의식이 강해지는데, 그러다 보니 더 성공한 사람과 자신을 비교하면서 비참함을 느낍니다. 심한 경우, '나는 살 가치가 없다'라고 생각하며 극단으로 치닫기도 합니다.

술람미 여인은 자신을 사랑할 줄 압니다. 내가 나를 사랑하는 것이 중요합니다. 나를 사랑할 줄 알아야 내 단점까지 끌어안을 수 있고, 다른 사람과도 친밀하게 사랑할 수 있습니다. 나를 사랑할 줄 모르는 사람은 다른 사람도 사랑하기 어렵습니다. 예수님은 "네 이웃을 네 자신같이 사랑하라"(마 22:39)고 말씀하셨습니다. 그러므로 이웃을 사랑하려면, 먼저 자신을 사랑해야 합니다.

그런데 오늘날 자신을 사랑하지 못하는 사람이 많습니다. 그뿐 아니라 자신을 증오하고 학대합니다. 사랑을 받아도, 그 사랑을 의심하며 받아들이지 못하기도 합니다. 부모의 사랑을 많이 받은 사람은 다른 사람을 사랑할 줄 압니다. 그러나 부모의 사랑을 받지 못한 사람은 어디를 가든 불안해합니다. 자신에게 다가오는 사람을 의심하고, 누구에게든 마음을 쉽게 열지 못합니다. 그러므로 부모는 자녀를 충분히 사랑해 주어야 합니다. 충분한 사랑을 받은 사람은 삶이 풍요로워집니다.

거짓된 자아상에서 벗어나십시오

자신을 사랑하려면 어떻게 해야 할까요? 복음을 경험해야 합니다. 하나님의 사랑을 경험해야 합니다. 복음을 통해 하나님과의 관계가 온전히 회복되어야 합니다. 그래야 자신을 사랑할 수 있습니다. 깨진 거울로는 자신의 모습을 정확하게 볼 수 없습니다. 모든 것이 왜곡되어 보입니다. 복음을 경험한 사람은 완전한 거울로 자신을 봅니다. 그러므로 올바른 관점으로 자신을 볼 수 있고, 그 관점 안에서 자신을 온전히 사랑할 수 있습니다.

복음을 통해 하나님의 사랑을 경험한 사람은 하나님이 자신을 얼마나 사랑하시는지 깨닫습니다. 자신의 존재 가치를 깨닫습니다. 자신이 소중한 존재인 것을 알게 됩니다.

우리는 그가 만드신 바라 그리스도 예수 안에서 선한 일을 위하여 지으심을 받은 자니… 엡 2:10a

우리는 하나님이 만드신 '포이에마' 즉, 걸작품(masterpiece, ποίημα) 입니다. 하나님은 우리를 걸작품으로 여기십니다. 그러므로 우리는 특별한 존재입니다. 하나님은 사랑하는 우리를 구원하시기 위해 독생자이신 예수님을 십자가에 못 박혀 죽게 하셨습니다. 예수님이 우리 대신 대가를 지불하셨습니다. 그러므로 우리는 하나님의 사랑을 의심하지 말고 받아들여야 합니다.

하나님의 사랑을 누려야 합니다.

세상에서는 노력해야 사랑을 받는 것처럼 느껴질 때가 많습니다. 사랑받을 만한 조건이 있어야 사랑을 받는다고 생각합니다. 그러나 하나님의 사랑은 세상에서 경험하는 사랑과 다릅니다. 하나님의 사랑은 조건이 없습니다. 하나님은 우리를 있는 그대로 사랑하십니다. 예수님을 믿는 순간, 우리는 그리스도로 옷 입습니다(갈 3:27). 십자가로 인해 우리의 허물이 가려졌습니다. 그러므로 하나님은 우리의 허물이나 약점을 보시기보다, 그리스도 안에서 우리를 보십니다. 우리의 과거와 현재가 어떠하든 하나님은 우리를 아름답게 보십니다.

우리는 모두 죄인이었습니다. 그러나 지금은 하나님의 사랑을 받는 사람이 되었습니다. 예수님을 믿는 순간, 그분의 의가 우리를 통해 드러납니다. 그러므로 이제 우리는 어둠의 자식이 아니라 빛의 자녀입니다. 자신을 더 이상 정죄해서는 안 됩니다. 우리는 당당해야 합니다.

하나님은 우리를 사랑스럽게 보십니다. 그러므로 자신을 보는 관점이 달라져야 합니다. 사람들의 평가에만 신경 쓰지 마십시오. 하나님의 관점으로, 복음의 관점으로 자신을 바라보아야 합니다. 자신을 인정하고 사랑해야 합니다.

그런데 사탄은 우리에게 속삭입니다. 거짓된 자아를 주목하게 합니다. 세상의 기준으로 자신을 비참하게 만들고, 죄책감에서 벗어나지 못하게 합니다. 그러나 우리는 예수 그리스도 안에서 새로운 피조물이 되었습니다. 하나님이 우리를 깨끗하게 하셨습니다. 그러므로 죄책감에서 벗어나야 합니다.

신앙생활을 오래 했는데도 하나님과 친밀하지 않은 사람이 있습니다. 이런 사람은 기도하고 예배하지만 기쁨이 없습니다. 마음이 닫혀 있기 때문입니다. 하나님은 나를 용서하셨는데 정작 나는 용서하지 못했기 때문입니다. 하나님이 나를 사랑하신다는데, 정작 나는 나를 사랑하지 못합니다.

십자가를 바라보아야 합니다. 내가 연약해서 예수님이 대신 십자가에 못 박혀 죽으셨습니다. 나는 그만큼 사랑받는 존재입니다. 하나님은 나를 있는 모습 그대로 사랑하십니다. 나는 '검지만' 하나님은 나를 '아름답다'라고 말씀하십니다. 그러므로 부정적인 자아상에서 벗어나야 합니다. 자신을 정직하게 평가해야 합니다.

자신을 향해 "내가 비록 검으나 아름다우니"라고 고백하는 술람미 여인이 참으로 사랑스럽습니다. 검은 것은 결함만이 아닙니다. 복음 안에서, 하나님과의 관계 안에서 그 검은 것이 오히려 더 아름답게 보이는 변화가 일어납니다. 자신을 소중하게 여기는 사람이 다른 사람을 소중하게 여길 수 있습니다. 자신을 긍정적으로 바라보는 사람이 다른 사람을 긍정적으로 바라봅니다.

반대로 사람을 비난하고 욕하고 정죄하는 사람도 있습니다. 이는 뒤틀린 자아상에서 비롯된 것일 수 있습니다. 자아상이 온전하지 않으면 곱게 말하기 어렵습니다. 복음으로 말미암아 내면이 변화되어야 합니다. 이런 변화를 경험한 사람은 "내가 비록 검으나 아름다우니"라고 고백할 수 있습니다. 이것은 놀라운 변화입니다. 이런 변화를 경험하기 바랍니다. 복음으로 말미암아 내면이 변화되고, 사람들과의 관계가 아름답게 이루어지기를 바랍니다.

내면의 아름다움은 쉼에서 옵니다

자기 자신에 대해서는 자신감이 있었던 술람미 여인이 의외의 말을 합니다. 6절 끝에 가서 "나의 포도원을 내가 지키지 못하였구나"라고 말합니다. 여기서 "포도원"은 우리의 내면을 의미합니다. 우리의 내면을 잘 관리하는 것은 어렵습니다. 외적 조건이 아무리 좋아도 내면에 문제가 있으면 온전하게 살아갈 수 없습니다.

우리가 내면을 잘 관리하지 못하는 이유가 무엇입니까? 분주하기 때문입니다. 분주함은 삶에 장애물이 될 수 있습니다. 유진 피터슨(Eugene H. Peterson)은 "분주함은 영혼의 질병이다"라고 말했습니다. 분주해지면 일 중심으로 살게 됩니다. 친밀하게 교제하기 어려워집니다.

오늘날 가족과 대화하는 시간이 줄어들었습니다. 식사 시간에도 밥만 먹을 뿐 서로 대화하지 않는 경우가 많습니다. 가족끼리 서로의 이야기를 들어줄 여유가 없으면 위험합니다. 관계가 깨질 수 있기 때문입니다. 영적 생활에서도 마찬가지입니다. 일 중심으로 살다 보면 기도를 소홀히 하게 됩니다. 기도는 하나님과 대화하는 것인데, 기도를 자신의 목적을 이루기 위한 수단으로만 여기게 되기도 합니다. 기도를 통해 하나님과의 친밀함을 측정할 수 있습니다. 반대로 기도하지 않으면 하나님과의 친밀함을 경험하지 못하고, 그러다 보면 하나님과의 관계가 점점 더 멀어집니다.

내가 나의 포도원을 관리하지 않으면 포도원은 망가집니다. 다윗의 밧세바 사건은 우연히 일어난 일이 아닙니다. 전쟁하느라 자신의 내면이 무너지는 것을 방치한 결과 일어난 일입니다. 나의 포도원을 방치해서는 안 됩니다. 정성껏 가꾸어야 합니다. 포도원을 가꾸는 것, 내면을 관리하는 것이 우선되어야 합니다. 아무리 바빠도 말씀을 읽고 기도하는 시간을 가져야 합니다.

> 내 마음으로 사랑하는 자야 네가 양 치는 곳과 정오에 쉬게 하는 곳을 내게 말하라 내가 네 친구의 양 떼 곁에서 어찌 얼굴을 가린 자같이 되랴 아 1:7

술람미 여인은 솔로몬을 향한 사랑을 표현합니다. 왕을 "내 마음으로 사랑하는 자"라고 부릅니다. 술람미 여인의 관심은 온통 사랑하는 이에게 있습니다.

팔레스타인에서는 햇볕이 뜨거워서 한낮에는 쉬어야 합니다. 안 그러면 탈진할 수 있습니다. 영적 생활에서도 마찬가지입니다. 영적으로 피곤하고 지칠 때가 있습니다. 이때는 쉬어야 합니다. 쉬어야 할 때 쉬지 않으면 영적으로도 위기를 경험합니다.

쉬지 않고 일하는 사람이 있습니다. 이런 사람은 성과주의에 붙들릴 수 있습니다. 애굽의 왕 바로가 그 대표적인 인물입니다. 출애굽기에 보면, 바로는 이스라엘 백성들에게 흙 이기기와 벽돌 굽기 등 여러 일을 엄하게 시켰습니다. 짚을 주지 않고도 할당량을 채우게 했습니다. 성과주의에는 자비가 없습니다. 성과주의에 매인 사람은 관계에서 어려움을 겪고, 관계를 회피하려 하기도 합니다.

오늘날 일 중독자가 많습니다. 일 중독은 일에 갇힌 상태입니다. 그들은 일에 포로가 되어 있습니다. 내가 일을 하는 것이 아니라 일이 나를 통제합니다. 그러니 스스로 일을 멈추지 못합니다. 일하지 않으면 불안해합니다.

술람미 여인은 햇볕에 그을러 얼굴이 검어질 정도로 포도원에서 열심히 일했습니다. 포도원지기는 포도원을 관리해야 합니다. 포도원을 관리하려면 성실해야 합니다. 어머니의 아들들, 즉 오빠들이 술람미 여인을 학대했기 때문에 술람미 여인은 포도원에서 일할 수밖에 없었습니다. 그러다 보니 일 중독, 성과주의에 빠졌을지 모릅니다. 그런데 술람미 여인은 지금

'쉴 곳'을 찾고 있습니다.

창세기에 따르면, 하나님은 여섯 날 동안 천지와 만물을 창조하시고 일곱째 날에 안식하셨습니다. 하나님은 일하시는 분이며, 동시에 안식하시는 분입니다. 창조의 질서 속에서 하나님은 일과 쉼을 함께 두셨고, 그 쉼을 인간에게도 허락하셨습니다. 주님은 "수고하고 무거운 짐 진 자들아 다 내게로 오라"(마 11:28) 라고 말씀하시며, 우리에게 참된 쉼의 자리로 나아오라고 초청하십니다. 이 초청은 단순한 휴식의 제안이 아니라, 부당한 시스템과 끝없는 자기 증명의 구조에서 벗어나라는 부르심입니다.

우리의 삶이 무너지는 이유는 노력이 부족해서가 아닙니다. 안식이 결여되어 있기 때문입니다. 그러므로 쉬어야 할 때 쉬는 것이 영성이며, 멈추어야 할 때 멈출 줄 아는 것이 믿음입니다. 지칠 대로 지쳐 쓰러진 뒤에야 맞이하는 쉼은 성경이 말하는 쉼이 아닙니다. 그것은 회복이라기보다 치료에 가까운 상태이며, 요양에 해당합니다. 성경이 말하는 참된 쉼은 영혼을 소생시키고, 새로운 힘을 줍니다. 그리고 새 힘은 우리 안에 재창조의 역사를 일으킵니다.

하나님의 사랑은 결코 나를 거부하지 않습니다

7절에서 술람미 여인은 "내가 네 친구의 양 떼 곁에서 어찌 얼굴을 가린 자같이 되랴"라고 합니다. 여기서 '가린다'라는 표현에는 '비켜선다'라는 의미가 있습니다. 이 질문은 사랑하는 이로부터 멀어져 보이지 않으려는 갈망을 드러냅니다. 이는 길 잃은 자로 보이지 않으려는 마음이며, 자신을 그리스도에게서 떼어 놓으려는 유혹과 미혹에 굴복하지 않겠다는 의지를 담고 있습니다.

"당신은 어디 계십니까?"라는 질문은 단순히 위치를 묻는 것이 아닙니다. 이는 하나님과의 관계를 회복하고자 하는 갈망의 질문입니다. 무지에서 비롯된 물음이 아니라 사랑에서 나오는 질문입니다. 사랑의 관계가 언제나 일정한 친밀함을 유지하지는 않습니다. 교제의 온도는 오르내림을 반복합니다. 때로는 가까워졌다가 멀어지기도 합니다. 구원은 결코 흔들리지 않지만, 주님과의 교제는 변화의 흐름 속에 놓여 있습니다.

그런데도 여인이 사랑하는 이를 찾고 있다는 사실 자체는 관계가 살아 있다는 증거입니다. 관계가 끊어져 있을 때는 질문하지 않으며, 더 이상 상대에 대해 궁금해하지도 않습니다. 부부 관계에서도 사랑이 식으면 상대의 일상에 대한 관심이 사라지고, 연락은 점점 줄어들며, 마침내 무관심으로 굳어집니다.

반대로 사랑하는 사이는 끊임없이 서로에게 관심을 기울입니다. 관계는 대화를 통해 유지되며, 관심과 갈망은 표현할 때 더욱 깊어집니다. 그러므로 "당신은 어디 계십니까?"라는 질문은 집요한 집착이 아니라, 관계를 놓치지 않으려는 사랑의 표현입니다.

인간은 육체적 만족만을 추구한다면 홀로 살아갈 수도 있습니다. 그러나 영적으로 살아가고자 한다면 혼자서는 살아갈 수 없습니다. 우리는 지속적으로 인도하시는 한 분의 지도를 필요로 합니다. 그분은 바로 주님이십니다. 하나님과의 교제 안에는 하나님이 우리에게 주고자 하는 것이 너무도 많습니다. 이것이 신앙의 여정에서 우리가 하나님을 간절히 구해야 하는 이유입니다.

혼자 식탁에 앉을 때보다 가족과 함께 앉을 때 더 풍성한 음식이 차려지듯, 하나님과 함께하는 자리에는 더 풍성한 은혜가 준비되어 있습니다. 하나님은 우리를 푸른 초장과 쉴 만한 물가로 초대하십니다.

삶을 살아가다 보면 압박이 강해지는 순간들이 찾아옵니다. 인생은 언제나 치열함의 연속입니다. 그렇기에 하나님 안에서의 안식은 선택이 아니라 필수입니다. 우리의 영혼이 그리스도 안에서 만족을 얻는 시간은 반드시 필요합니다. 우리 영혼은 계속해서 주님을 찾고 갈망해야 합니다. 주님에게서 멀어질수록 삶은 방향을 잃고, 친밀함은 점점 희미해집니다.

관계는 시간을 요구합니다. 그 시간은 물리적 시간이 아니라, 질적으로 구별된 시간이어야 합니다. 누구나 덮어 두고 싶은 과거와 상처가 있습니다. 누구에게나 결함이 있습니다. 그래서 하나님에게로 나아갈 때마다 주저하고 멈칫거립니다. '내가 감히 하나님에게' 하는 마음에 자신감을 잃어버립니다.

스스로 하나님 앞에 나아가기에 부적합하다고 생각합니다.

물론 우리는 완전하지 않습니다. 그러나 우리 자존감의 근거가 십자가에 있습니다. 이제 그 십자가 아래에서 눈치 보지 않기를 바랍니다. 움츠러들지 말고 자신감을 갖기 바랍니다. 당당해지기 바랍니다. 예수 그리스도를 통해 하나님은 우리를 온전히 받아 주셨으며, 지금도 우리와 깊이 교제 나누기를 원하십니다. 주님은 우리와 온전히 하나 되기를 기뻐하십니다. "너는 비록 검으나 아름답다"고 말씀해 주시는 하나님의 음성을 온전히 받아들이고 그분과 친밀한 교제를 나누기 바랍니다.

때로는 내가 부족하고 연약하고 실수하고 죄를 지어도 두려움 없이 십자가를 붙들고 그분의 품 안으로 달려들어가십시오. 그 품 안에 계십시오. 그리고 그 사랑을 누리십시오. 그 사랑이 결코 나를 거부하지 않고 받아 주신다는 사실을 믿고, 지금도 폭포수처럼 부어지는 하나님의 사랑을 충분히 받아 누리기 바랍니다. 그 사랑 안에서 우리의 움츠러졌던, 겨울 같은 어두운 내면이 다 풀어질 것이라 믿습니다. 어두운 감정을 다 끄집어내어 던지고, 우리 주변에 있는 사람들과 함께 아름다운 교제를 나누고 공동체를 만들어 가기를 바랍니다. 그 관계가 확대되고 또 열려 가는 역사가 있기를 바랍니다.

chapter 3

갈망에 사랑으로 화답하시다 ✽

8 여인 중에 어여쁜 자야 네가 알지 못하겠거든 양 떼의 발자취를 따라 목자들의 장
  막 곁에서 너의 염소 새끼를 먹일지니라

9 내 사랑아 내가 너를 바로의 병거의 준마에 비하였구나

10 네 두 뺨은 땋은 머리털로, 네 목은 구슬 꿰미로 아름답구나

11 우리가 너를 위하여 금 사슬에 은을 박아 만들리라

사랑이 식으면 틈이 생깁니다

사랑은 어렵습니다. 사랑이 쉽다면 삶이 한결 나아질 것입니다. 그러나 사랑하는 두 사람이 감정을 교류하며 살아가는 사랑은 어렵습니다. 사랑의 관계는 미묘합니다.

솔로몬과 술람미 여인의 관계 또한 복잡합니다. 솔로몬은 왕입니다. 술람미 여인은 포도원 일꾼입니다. 두 사람은 친밀해지기 어려운 사이입니다. 겉으로 보면 두 사람의 사랑은 이루어질 수 없어 보입니다.

그러나 솔로몬이 술람미 여인을 적극적으로 사랑하여 두 사람은 서로 사랑할 수 있었습니다. 솔로몬이 적극적으로 사랑했기 때문에 술람미 여인은 "내가 비록 검으나 아름다우니"(아 1:5)라고 고백할 수 있었습니다.

하나님과 우리의 관계도 마찬가지입니다. 하나님은 천지

와 만물을 창조하신 창조주이십니다. 우리는 하나님이 창조하신 피조물입니다. 우리가 어떻게 하나님을 사랑할 수 있겠습니까? 그런데 하나님이 우리에게 다가오셨습니다. 하나님이 우리를 적극적으로 사랑하셨습니다. 그래서 우리가 하나님과 친밀해질 수 있었습니다.

솔로몬이 술람미 여인을 이렇게 적극적으로 사랑했지만, 그는 조심스러웠습니다. 불안이 밀려왔습니다. 왕의 부재를 느낄 때 '왕이 나를 잊은 것은 아닌가' '왕이 나를 버린 것은 아닌가'라는 생각이 들었습니다. 관계가 친밀해질수록 서로 가까워지지만, 때로는 그만큼 작은 거리도 크게 느껴집니다. 이럴 때는 거리를 좁히는 것이 중요합니다. 물론 관계에 있어 거리를 좁히는 것은 생각보다 쉽지 않습니다.

부부가 함께 살더라도 두 사람 사이에 틈이 생길 수 있습니다. 이 틈을 방치하면 부부 사이가 점점 더 멀어집니다. 결국 관계가 깨어질 수 있습니다. 한 집에서 물리적으로는 같은 공간에 함께 살지만, 마음의 거리는 동과 서가 먼 것같이 멀어질 수 있습니다. 마음의 틈이 생기면 그 사이에 무엇이 끼어들지 아무도 모릅니다.

하나님과 사람의 관계도 마찬가지입니다. 에덴동산에서 하나님과 사람은 매우 가까웠습니다. 그런데 사람이 죄를 범한 이후, 둘 사이가 멀어졌습니다. 죄가 하나님과 사람을 원수가 되게 했습니다. 그런데 하나님이 사람에게 다가오셨습니다. 하나님과 사람 사이의 거리를 좁혀 주셨습니다. 하나님은 우리를 바꾸려 하지 않으시고, 오히려 자신을 바꾸셨습니다. 자신을 포기하셨습니다. 우리 대신 십자가에 못 박히셨습니다. 우리가 겪어야 하는 고통을 대신 감당하셨습니다. 성육신하신 하나님은 사람이 경험하는 감정을 모두 경험하셨습니다. 사람의 감정을 모두 경험하신 하나님은 우리와 교제하기를 원하십니다.

하나님은 우리에게 계속해서 다가오십니다. 성육신하신 하나님은 말씀을 통해 우리에게 가까이 다가오십니다. C. S. 루이스(C.S. Lewis)는 "내가 그토록 만나지 않으려는 분이 지칠 줄 모르고 내게 다가오심을 느꼈다"고 말했습니다.

신앙생활을 하다 보면, 하나님이 멀게 느껴질 때가 있습니다. 하나님을 사랑하는 마음이 사라져서 그렇습니다. 이때가 영적 위기입니다. 한때는 하나님을 뜨겁게 사랑했습니다. 그런데 사랑이 식으면 형식적으로 기도하고 예배하게 됩니다. 무덤덤해집니다. 한결같이 사랑하는 것은 쉽지 않습니다. 사랑은 식을 수 있습니다. 사랑이 식으면 관계에 문제가 생길 수 있습니다. 그러므로 사랑을 지키고 유지하는 것이 매우 중요합니다. 토마스 왓슨(Thomas Watson)은 "사랑이 없는 것이 배교의 바탕"이라고 말했습니다.

하나님은 언제나 우리 가까이 계십니다. 그런데 우리는 하나님을 외면합니다. 하나님을 외면하는 우리가 문제입니다. 그러므로 우리는 하나님과의 관계를 회복하기 위해 노력해야 합니다. 지금 하나님과 친밀합니까? 혹시 하나님과 멀어지지는 않았습니까? 만약 그렇다면 원인이 무엇인지 생각해 보기 바랍니다. 하나님과의 관계 회복을 위해 힘써야 합니다.

사람에게 받은 상처를 사람을 통해 치유받습니다

솔로몬은 술람미 여인이 홀로 있는 것을 원하지 않았습니다. 양 떼의 발자취를 따라 목자들의 장막 곁에 있기를 원했습니다. 여인이 홀로 있는 것은 위험했기 때문입니다. 그런데 술람미 여인은 어머니의 아들들로부터 상처를 받았습니다. 그들이 술람미 여인을 학대했습니다. 그래서 술람미 여인은 사람을 두려워했습니다. 이전에 경험한 아픈 기억으로 인해 또 상처받지 않을까 두려워했습니다.

사람을 피하는 사람이 있습니다. 사람을 무서워하고 싫어하는 사람이 있습니다. 이런 사람은 공동체를 피합니다. 상처를 두려워하는 마음이 있기 때문입니다. 사람들과 친밀해지는 것은 쉽지 않습니다. 친밀해지려고 다가가다가 오히려 상처를 입을 수 있습니다. 공동체를 피하는 사람의 마음에는 두려움이 있습니다.

공동체 속에서 사람들과 거리를 두고 지낼 때는 문제가 없는 듯 보입니다. 그러나 가까이 다가가면 이전에 보지 못한 것이 보입니다. 약점이 드러납니다. 우리는 모두 온전하지 않습니다. 하나님이 우리를 용서하셨지만, 우리는 여전히 죄를 지으며 사는 죄인입니다.

온전하지 않은 남녀가 만나 결혼생활을 하는데 온전하게 살 수 있겠습니까? 위험한 일이 벌어질 수 있습니다. 죄성이 적나라하게 드러납니다. 공동체에서도 마찬가지입니다. 사람들은 친밀해지기 위해 공동체에 들어가지만, 그 안에서 오히려 상처를 받습니다. 가까운 사람, 친밀한 사람에게 상처를 받습니다.

그러나 공동체 안에서는 상처만 받는 것이 아닙니다. 사람에게 받은 상처를 사람을 통해 치유받기도 합니다. 이것이 공동체의 신비입니다. '샬롬'은 혼자 있을 때 경험하는 평안이 아닙니다. 사람과 사람, 하나님과 사람의 관계 속에서 샬롬을 경험할 수 있습니다. 그 예로, 부부가 샬롬을 경험할 때 그 평강이 자녀에게 전해집니다. 나아가 이웃에게 전해집니다. 그래서 하나님은 우리를 공동체로 부르십니다. 하나님은 공동체 속에서 사람과의 관계를 통해 우리를 치유하십니다.

우리는 공동체 속에서 내가 누구인지 알 수 있습니다. 사람과의 관계 속에서 자신이 누구인지 발견합니다. 공동체를 벗어나면 내가 누구인지 알기 어렵습니다. 그러므로 공동체를 벗어나 홀로 있는 것은 매우 위험합니다. 공동체에 속하지 않으면 친구가 없습니다. 친구가 없으면 사랑을 나눌 상대가 없습니다. 그러므로 관계가 중요합니다. 사람은 관계를 통해 온전하

것이 문제입니다.

술람미 여인의 갈망에 솔로몬이 대답합니다. 솔로몬은 술람미 여인을 가리켜 "여인 중에 어여쁜 자"라고 했습니다. 히브리어 성경을 보면 이것은 최상급 표현으로 기록되어 있습니다. '모든 여인 중에 가장 어여쁜 자'라는 의미입니다.

이 대목에는 많은 의미가 담겨 있습니다. 술람미 여인과 솔로몬은 신분 차이가 있습니다. 솔로몬은 그런 이유로 술람미 여인이 열등감과 자격지심을 가질 수 있다는 것을 알았습니다. 그런 그를 향해 '가장 어여쁜 자'라고 말하는 표현을 통해 솔로몬의 배려심을 느낄 수 있습니다.

상대방을 어떻게 부르는가가 매우 중요합니다. 부부는 서로를 부를 때 주의해야 합니다. 무례하게 행동해서는 안 됩니다. 상대방을 사랑하는 만큼 존중해야 합니다. 존귀하게 여겨야 합니다.

또한 솔로몬은 술람미 여인을 "내 사랑아"라고 불렀습니다.

솔로몬에게는 오직 술람미 여인만 보였습니다. 솔로몬이 술람미 여인을 진심으로 사랑하는 것을 알 수 있습니다.

하나님도 우리에게 "너는 내 사랑이야"라고 말씀하십니다. 우리를 향한 하나님의 사랑은 변함없습니다. 하나님은 우리를 영원히 사랑하십니다. 하나님의 사랑이 우리를 숨 쉬게 합니다. 우리는 하나님의 관점으로 우리 자신을 보아야 합니다.

솔로몬은 술람미 여인을 "바로의 병거의 준마"에 비유했습니다. 바로의 병거의 준마는 왕권과 위엄과 존귀를 상징합니다. 고대 이집트의 예술품을 보면, 왕이 타는 마차에는 정교한 장신구가 있습니다. 그것을 보면 왕의 마차임을 알 수 있습니다. 바로의 병거의 준마는 왕의 특별한 관심 대상입니다. 왕은 그 말을 볼 때마다 즐거워합니다. 그래서 아끼고 애지중지합니다. 바로의 병거의 준마라는 말에는 독보적이고 유일한 존재라는 의미가 있습니다. 또한 기품이 있고 아름답다는 뜻입니다.

솔로몬이 보기에 술람미 여인은 매우 아름다웠습니다. 그래서 그를 왕의 영광에 합당한 존재로 높여 주었습니다. 술람미 여인은 포도원에서 일하느라 햇볕에 그을려 위축될 수 있습니다. 솔로몬은 이것을 알았습니다. 그래서 자신이 사랑하는 술람미 여인을 높여 주려고 노력했습니다.

세상 사람들은 자신이 높아지기 위해 상대방을 무시하기도 합니다. 그러나 상대방을 무시하면 자신도 낮아집니다. 아내를 무시하는 남편은 자기 자신을 무시하는 것입니다. 그러므로 남편은 아내를 존귀하게 여겨야 합니다. 그렇게 할 때, 존귀한 사람과 함께 사는 자신도 존귀해집니다.

성경은 "그리스도를 경외함으로 피차 복종하라"(엡 5:21)고 기록하고 있습니다. 그리스도인 부부는 상호 존중해야 합니다. 누가 우위인가를 따지는 것은 어리석은 생각입니다. 가정에서 상호 존중을 실천하고 경험해야 합니다.

솔로몬은 왕이지만 술람미 여인에게 명령하지 않았습니다. 자기 마음대로 통제하려고 하지 않았습니다. 오히려 존경하는 마음을 드러냈습니다. 하나님도 우리를 존귀하게 여기십니다. 하나님은 우리가 과거에 범한 죄를 더 이상 묻지 않으십니다. 하나님은 우리를 통제하지 않으십니다. 하나님은 만왕의 왕이시지만 우리에게 군림하지 않으십니다. 하나님은 왕의 자리에서 내려오셔서 우리와 함께하십니다. 이것이 복음입니다.

> 네 두 뺨은 땋은 머리털로, 네 목은 구슬 꿰미로 아름답구나 우리가 너를 위하여 금 사슬에 은을 박아 만들리라 아 1:10-11

구슬 꿰미, 금 사슬, 은은 술람미 여인을 더욱 아름답게 하여 돋보이게 하는 장신구입니다. 솔로몬은 술람미 여인을 아름답게 하려고 노력했습니다. 술람미 여인은 결함이 많은 사람입니다. 솔로몬의 사랑을 받을 만한 사람이 아닐 수 있습니다. 그러나 솔로몬에게는 술람미 여인의 결함과 약점이 전혀 문제 되지 않았습니다. 솔로몬은 술람미 여인에게 찬사를 보내어 그를 더욱 아름답게 했습니다. 술람미 여인을 더욱 돋보이게 하려고 애썼습니다. 이것이 건강한 부부의 특징입니다.

건강한 공동체는 서로를 높여 주려고 하고 서로를 존중합니다. 서로를 환대합니다. 하나님도 우리를 존귀히 여기십니다. 우리를 사랑하십니다. 그리스도인은 하나님의 사랑을 받은 사람입니다.

> 자기 아들을 아끼지 아니하시고 우리 모든 사람을 위하여 내주신 이가 어찌 그 아들과 함께 모든 것을 우리에게 주시지 아니하겠느냐 롬 8:32

하나님은 우리를 높여 주시기 위해 독생자를 아끼지 않으셨습니다. 하나님은 우리를 위해 모든 것을 쏟으셨습니다.

> 이는 곧 물로 씻어 말씀으로 깨끗하게 하사 거룩하게 하시고 자기 앞에 영광스러운 교회로 세우사 티나 주름 잡힌 것이나 이런 것들이 없이 거룩하고 흠이 없게 하려 하심이라 엡 5:26-27

하나님은 우리를 거룩하고 흠 없게 하셔서 아름답고 영광스러운 그리스도의 신부가 되게 하셨습니다. 하나님은 우리에게 "내 사랑아"라고 말씀하십니다. 그러므로 하나님의 사랑으로 자신을 바라보아야 합니다. 우리는 영광스러운 그리스도의 신부입니다.

받은 사랑을 흘려보내십시오

8절에서 솔로몬은 술람미 여인이 돌보아야 하는 양 떼, 염소 새끼가 있다고 말합니다. 신앙생활을 하면서 자신만 생각하는 것은 위험합니다. 내 영적 필요를 채우는 것으로 만족해서는 안 됩니다. 하나님의 사랑으로 마음의 상처가 치유되고 자존감이 높아진 것으로 만족해서는 안 됩니다. 나보다 연약한 사람을 섬겨야 합니다. 죄 때문에 망가진 세상을 볼 수 있어야 합니다. 신음하고 고통하는 사람, 깨어진 가정이 많습니다. 그것을 보며 사명을 발견해야 합니다.

하나님의 사랑에 만족하는 마음은 시간이 지나면 사라질 수 있습니다. 하나님이 왜 나를 이렇게 사랑하시는지 생각해 보아야 합니다. 그 이유를 깨달은 사람은 자기중심적으로 살지 않습니다. 자신만을 위해 살지 않습니다.

하나님의 신부는 세상 가운데 내면의 아름다움을 드러내는 모델이 되어야 합니다. 하나님의 은혜와 사랑을 받은 사람은 내적 아름다움이 드러나게 되어 있습니다. 그들은 자기가 경험한 은혜와 사랑으로 세상 사람들을 사랑하고 존귀하게 여깁니다.

화려한 장신구로 꾸몄다고 아름다워지는 것이 아닙니다. 하나님의 은혜를 받은 사람은 아름다움이 드러나게 되어 있습니다. 은혜에서 비롯된 아름다움입니다. 하나님이 은혜를 주시는 이유와 목적이 여기에 있습니다.

하나님께 사랑을 받았다면 거기에 만족하지 말고 받은 사랑으로 이웃을 사랑하십시오. 사랑받은 사람이 사랑할 줄 압니다. 사랑을 베풀 수 있을 때 사랑을 베풀어야 합니다. 그렇게 할 때 건강한 신앙인이 될 수 있습니다. 우리가 사람을 사랑할 때 하나님은 우리에게 더 많은 사랑을 부어 주십니다. 많은 사람에게 사랑을 베풀어 하나님이 주시는 사랑과 기쁨을 경험하기 바랍니다.

사랑을 깊이 나누다 ✽

12 왕이 침상에 앉았을 때에 나의 나도 기름이 향기를 뿜어냈구나

13 나의 사랑하는 자는 내 품 가운데 몰약 향주머니요

14 나의 사랑하는 자는 내게 엔게디 포도원의 고벨화 송이로구나

15 내 사랑아 너는 어여쁘고 어여쁘다 네 눈이 비둘기 같구나

16 나의 사랑하는 자야 너는 어여쁘고 화창하다 우리의 침상은 푸르고

17 우리 집은 백향목 들보, 잣나무 서까래로구나

함께할 때 기쁨을 누립니다

아가서 1장에 보면, 술람미 여인과 솔로몬이 대화합니다. 두 사람은 서로를 사랑하며 기뻐합니다. 혼자 사랑할 수 없습니다. 일방적으로 사랑하는 것은 온전한 사랑이 아닙니다. 사랑은 두 사람이 함께하는 것입니다.

요즘 사람들은 사람을 대하는 것을 어려워합니다. 그래서 뭐든 혼자 하는 것을 좋아합니다. 그런데 혼자서는 완전할 수 없습니다. 누군가와 함께할 때 완전해집니다. 함께할 때 기쁨을 경험할 수 있습니다.

창세기에 보면, 하나님이 세상을 창조하시고, 그것들을 보며 좋았다고 하십니다. 그런데 하나님이 좋게 여기지 않으신 것이 하나 있습니다. 하나님은 아담을 보시며 "사람이 혼자 사

는 것이 좋지 아니하니 내가 그를 위하여 돕는 배필을 지으리라"(창 2:18)고 말씀하셨습니다. 하나님은 사람이 혼자 사는 것을 좋아하지 않으셨습니다.

사랑은 주고받는 것입니다. 인간은 사랑을 주고받으며 함께하는 기쁨을 경험합니다. 혼자일 때 느끼는 기쁨이 함께하면 두 배가 아니라 몇 배로 넘치기도 합니다. 이런 걸 시너지(synergy) 효과, 상승효과라고 말합니다. 존 오트버그(John Ortberg) 목사는 "혼자 브로콜리를 먹는 것보다 좋은 친구와 감자튀김을 먹는 것이 낫다"라고 말했습니다. 무엇이든 함께하는 기쁨을 경험하는 것이 중요합니다.

왕이 침상에 앉았을 때에… 아 1:12a

술람미 여인은 솔로몬과 함께 왕의 침상에 앉았습니다. "왕이 침상에 앉았"다는 표현은 '둘러싸여 있다'는 뉘앙스를 담고 있으며, 여인은 왕의 임재에 감싸여 있음을 느낍니다. 술람미 여인은 솔로몬을 사랑했습니다. 솔로몬도 술람미 여인을 사랑했습니다. 두 사람은 함께하며 즐거워하고 있습니다. 서로를 소유했으므로 기뻤습니다. 사랑하는 사람과 함께하는 것보다 즐거운 것은 없습니다.

신앙생활을 하며 하나님이 우리와 함께하신다는 말을 듣습니다. 그런데 이 말의 진짜 의미를 모르는 사람이 많습니다.

신앙생활을 하며 하나님의 임재를 경험하는 것이 중요합니다. 우리는 우리 가운데 좌정하신 하나님을 경험해야 합니다. 하나님의 임재를 경험할 때, 삶이 풍요로워집니다.

> 여호와는 나의 목자시니 내게 부족함이 없으리로다… 주께서 내 원수의 목전에서 내게 상을 차려 주시고 기름을 내 머리에 부으셨으니 내 잔이 넘치나이다 시 23:1, 5

솔로몬의 침상이 시편에서 말하는 '원수의 목전에서 차려 주신 상'입니다. 솔로몬은 술람미 여인에게 식탁을 베풀었습니다. 왕이 베푼 식탁이니 얼마나 풍성하겠습니까? 하나님도 원수의 목전에서 내게 상을 차려 주십니다. 하나님의 임재를 경험할 때, 풍성한 은혜를 누릴 수 있습니다. 나의 목자이신 하나님이 계시기에 나는 부족함이 없습니다.

누가복음 10장에 보면, 예수님이 마르다와 마리아의 집을 방문하셨습니다. 이때 마리아는 예수님의 발치에 앉아 그분의 말씀을 들었습니다. 마리아는 예수님의 임재 자체를 즐거워했습니다. 마리아는 이 즐거움을 가장 중요하게 여겼습니다.

그러나 마르다는 예수님의 임재로 인한 기쁨을 알지 못했습니다. 마르다는 예수님을 대접하는 일로 분주했습니다. 물론 자신의 집에 오신 예수님께 맛있는 음식을 내드리는 것도 중요합니다. 그런데 마르다는 자기 혼자 일하는 것으로 불평했습니다. 마르다는 예수님께 "주여 내 동생이 나 혼자 일하게 두는 것을 생각하지 아니하시나이까 그를 명하사 나를 도와 주라 하소서"(눅 10:40)라고 말했습니다. 이것이 하나님보다 일을 중요하게 생각하는 사람의 특징입니다.

음식이 많다고 기쁨을 누릴 수 있는 것이 아닙니다. 산해진미(山海珍味)가 있어도 그곳에 하나님이 임재하시지 않으면, 진정한 기쁨을 경험할 수 없습니다. 하나님의 임재를 경험해야 합니다. 그럴 때 최고의 기쁨을 경험할 수 있습니다. 하나님의 임재를 경험하고 즐거워하는 것이 신앙생활의 핵심입니다. 하나님의 임재를 경험하지 못하는 신앙생활은 아무 의미 없습니다. 교회 건물을 아무리 멋지게 지었다 해도, 그곳에 하나님이 임재하시지 않으면 소용이 없습니다. 그저 벽돌과 시멘트 덩어리에 불과합니다.

하나님은 멀리 계시지 않습니다. 주일 예배 시간에만 우리에게 다가오시는 분이 아닙니다. 하나님은 어디에든 계십니다. 우리와 항상 함께하십니다. 그러므로 우리는 언제 어디서든지 하나님의 임재를 경험할 수 있습니다. 하나님의 임재를 경험하며 살아갈 때, 우리는 이 땅에서도 하나님 나라를 경험할 수 있습니다. 그러므로 하나님과 함께 살아가는 것이 신앙생활의 핵심입니다. 물론 세상에서 믿음을 지키며 사는 것은 쉽지 않습니다. 그러나 우리와 함께하시는 하나님을 경험하며 믿음으로 살아가면 어떠한 어려움이 있어도 우리는 넉넉히 이게 살아갑니다.

세상 사람들은 사람과의 거리를 일정하게 유지하고 서로 경쟁하며 살아갑니다. 지나치게 친밀해지려고 하지 않습니다. 교제하더라도 손해 보려 하지 않습니다. 그러나 하나님의 사람은 세상 사람들과 다릅니다. 상대방에게 먼저 다가갑니다. 자신을 희생하여 샬롬을 이루려고 합니다. 이것이 예수님이 우리에게 보여 주신 성육신적 삶입니다.

사랑하면 서로를 높여 줍니다

공동체에서 우리가 주의해야 할 것들이 많지만, 그중에 대화법이 중요합니다. 관계가 친밀해지려면 대화가 필요합니다. 그런데 대화하는 것은 쉽지 않습니다. 대화하다가 상처를 주고받습니다. 몇 마디 나누지도 못했는데 관계가 멀어지기도 합니다. 대화하며 관계가 친밀해지려면 대화의 기술이 필요합니다. 대화의 핵심은 상대방을 존중하는 것입니다. 상대방의 이야기를 귀 기울여 듣는 것이 상대방을 존중하는 것이요, 최고의 대화법입니다.

술람미 여인은 사랑하는 사람이 어디 있는지 알고 싶어 합니다(7절). 사랑하는 사람을 갈망했습니다. 갈망하는 마음은 하나님이 사람에게 주신 선물입니다. 신앙생활 하는 사람은 하나님을 갈망합니다. 인간의 갈망을 추적해 보면, 그 끝은 하나님을 향해 있습니다. 하나님을 찾지 못해 엉뚱한 것을 갈망하는 거낼 수 있습니다.

성령께서 우리 안에 내주(來住)하십니다. 우리 몸은 하나님의 성전입니다(고전 3:16). 예수님은 십자가에 못 박히시기 전, "그러나 내가 너희에게 실상을 말하노니 내가 떠나가는 것이 너희에게 유익이라 내가 떠나가지 아니하면 보혜사가 너희에게로 오시지 아니할 것이요 가면 내가 그를 너희에게로 보내리니 그가 와서 죄에 대하여, 의에 대하여, 심판에 대하여 세상을 책망하시리라"(요 16:7-8)라고 말씀하셨습니다.

종교생활은 사람들을 부담스럽게 합니다. 종교에서 요구하는 규정들을 따르며 사는 것은 힘듭니다. 그래서 예수님 시대의 유대 백성들은 종교생활로 지쳤습니다. 그런 유대 백성들을 향해 예수님은 "수고하고 무거운 짐 진 자들아 다 내게로 오라 내가 너희를 쉬게 하리라"(마 11:28)고 말씀하셨습니다. "내게로 오라"는 말씀은 하나님의 임재 가운데 머물러 있으라는 의미입니다. 하나님의 임재 가운데 사는 것이 최고의 복입니다. 하나님은 언제나 우리 곁에 계십니다. 그러므로 우리는 하나님의 임재 가운데 기쁨을 누리며 살아야 합니다.

하나님의 임재를 경험하는 것이 신앙생활의 본질입니다. 하나님의 임재 가운데서 일상을 사는 것이 영성입니다. 하나님과 함께하는 사람은 어떤 일이든 기쁨으로 감당할 수 있습니다. 하나님의 임재 가운데 사는 사람은 얼굴이 밝습니다. 생기가 있습니다. 그들은 근심하는 사람 같으나 항상 기뻐합니다.

하나님이 주시는 기쁨을 날마다 누립니다. 종교생활을 하는 사람에게는 기쁨이 없습니다. 그들은 시간이 지날수록 사나워집니다. 표정도 어두워집니다. 오늘의 위기는 '관조 없는 삶'에서 비롯될 때가 많습니다. 행위 이전에, 임재 안에 머무는 관조가 먼저입니다. 하나님의 임재를 갈망하기 바랍니다. 하나님의 임재 가운데서 기쁨을 누리기 바랍니다.

사랑하면 시인이 됩니다

…나의 나도 기름이 향기를 뿜어냈구나 아 1:12b

술람미 여인과 솔로몬은 침상에 앉아 있습니다. 두 사람은 매우 가까이 있습니다. 침상에는 나도 기름 향기가 느껴집니다. 향유의 향기는 인위적이지 않습니다. 마치 꽃 자체에서 향기가 흘러나오듯 매우 자연스럽습니다.

사람에게는 각자가 가진 고유의 향기가 있습니다. 이 향기는 때때로 사랑하는 사람에게 포근하면서도 그리운 느낌을 줍니다. 체취 말고도 우리의 존재에서 풍기는 향기도 있습니다. 그리스도인은 그리스도인의 향기가 있어야 합니다. 이 향기는 인위적이지 않아야 합니다. 하나님의 임재 가운데 살면서 밴 향기여야 합니다. 삶에서 풍기는 그리스도인의 향기는 하루아침에 만들어지지 않습니다. 고난을 통해, 말씀의 순종을 통해,

하나님과의 은밀한 시간을 통해 만들어집니다.

사람들은 자신의 존재를 드러내려고 합니다. 자신을 증명하려고 합니다. 그러나 이것은 어리석은 짓입니다. 우리는 일부러 그런 노력을 할 필요가 없습니다. 우리 존재는 하나님의 말씀대로 살아갈 때 자연스럽게 드러납니다. 향기는 억지로 짜내는 것이 아니라, 축적된 순종 속에서 저절로 드러납니다.

나의 사랑하는 자는 내 품 가운데 몰약 향주머니요 아 1:13

이어서 술람미 여인은 솔로몬을 가리켜 "나의 사랑하는 자"라고 했습니다. 이것은 개인적, 관계적 표현입니다. 사랑은 일대일로 나누는 것입니다. 또 "내 품 가운데 몰약 향주머니"라고 했습니다. 이것은 관계의 친밀성과 지속성을 의미합니다. 동부 아프리카 해안 지역에서 자라는 나무가 있는데, 몰약은 여기에서 나오는 기름입니다. 당시 사람들은 고체 상태의 몰약을 작은 주머니에 넣어 몸에 지니고 다녔습니다. 그러면 자연스럽게 향이 사방으로 퍼졌습니다.

사랑하는 사람은 자신이 사랑하는 사람을 마치 몰약 향주머니를 품듯 항상 마음 깊이 생각합니다. 이렇듯 우리는 예수님을 마음 깊이 생각해야 합니다. 자신의 필요에 따라 예수님을 찾아서는 안 됩니다. 항상 예수님을 마음에 두고 생각하는 것이 일상의 영성입니다.

나의 사랑하는 자는 내게 엔게디 포도원의 고벨화 송이로구나

아 1:14

술람미 여인은 이번엔 솔로몬을 가리켜 "포도원의 고벨화 송이"라고 합니다. 고벨화는 팔레스타인 지역에서 자라는 관목으로, 향기로운 꽃을 피웁니다. 이 꽃은 머리를 붉게 물들일 때 사용했고, 꽃잎을 으깨어 밝은 주황색 또는 노란색의 염료를 만들었습니다. 엔게디 지역의 식물에서 추출한 향료와 향유는 매우 비쌉니다.

술람미 여인은 자신이 솔로몬을 얼마나 사랑하는지 표현하고 싶었습니다. 솔로몬이 자신에게 얼마나 귀중한가를 드러내고 싶었습니다. 그래서 솔로몬을 그 귀한 향유인 '고벨화'를 들어 비유했습니다.

사랑하면 시인이 됩니다. 사랑하는 사람이 생기면, 말이 새로워집니다. 류시화 시인은 "당신을 알기 전에는 시 없이도 잘 지냈습니다"라고 했습니다. 사랑하는 사람은 항상 꽃을 피웁니다. 그래서 사랑을 시작한 사람에게 "봄이 왔다"고 말합니다. 사랑하는 사람은 자신의 마음을 표현하고 싶어 합니다. 나도, 몰약 향주머니, 고벨화 송이는 솔로몬과 술람미 여인을 서로 끌리게 하고, 두 사람의 마음을 즐겁게 합니다. 두 사람의 사랑을 더욱 풍성하게 합니다.

술람미 여인이 솔로몬을 사랑하는 마음을 표현한 것처럼,

하나님을 사랑하는 사람은 그 마음을 표현합니다. 예수님은 나도, 몰약, 고벨화 송이보다 더 아름다우십니다. 요한복음 12장에서 마리아는 지극히 비싼 향유 곧 순전한 나드 한 근을 가져다가 예수님의 발에 붓고 머리털로 그분의 발을 닦았습니다. 이것은 신약 시대의 가장 아름다운 예배 장면입니다. 예수님을 사랑한다면, 지극히 비싼 향유를 아낌없이 예수님께 부을 수 있어야 합니다.

나드 향유의 향기는 인위적이지 않습니다. 우리의 신앙생활에 있어서도 인위적인 것이 있으면 안 됩니다. 고백이 사라지면 사랑도 식습니다. 그래서 신자의 신앙 고백은 매우 중요합니다. 하나님을 사랑하는 마음 없이 예배할 수 없습니다. 하나님을 사랑하는 마음 없이 찬양할 수 없습니다.

더 깊이 하나님을 경험하십시오

내 사랑아 너는 어여쁘고 어여쁘다 네 눈이 비둘기 같구나 아 1:15

아가서 1장에서 술람미 여인과 솔로몬은 다정다감한 말로 서로를 부릅니다. 대화를 통해 두 사람의 관계가 깊어집니다. 하나님도 우리를 향해 언제나 "내 사랑아"라고 말씀하십니다. 하나님은 우리에게 마음을 빼앗기셨습니다. 우리가 완전해서 사랑하시는 것이 아닙니다. 우리는 연약하지만, 하나님은 우리를 어여쁘다고 말씀하십니다. 하나님의 은혜로 우리의 허물을 모두 덮으셨기 때문에 하나님은 우리를 아름답게 보십니다. 하나님이 우리를 사랑하시기 때문에 우리가 온전해집니다.

솔로몬도 사랑하는 술람미 여인의 아름다운 모습에 만족했습니다. 술람미 여인의 외모가 수려해서가 아닙니다. 솔로몬은 술람미 여인을 향해 "네 눈이 비둘기 같"다고 말합니다. 비둘기는 온유, 순결, 정절, 신실을 의미합니다. 눈은 아름다움을 상징합니다. 사랑하는 사람은 서로의 눈을 바라봅니다. 순결함과 온유함이 눈을 통해 드러납니다. 눈을 바라보며 서로를 향한 사랑을 발견할 수 있습니다.

나의 사랑하는 자야 너는 어여쁘고 화창하다 우리의 침상은 푸르고
아 1:16

술람미 여인과 솔로몬은 서로에게 놀라운 찬사를 보내고 있습니다. 사랑하는 마음이 없으면, "나의 사랑하는 자야"라고 고백할 수 없습니다. 이처럼 부부는 서로 칭찬해 주어야 합니다. 서로에게 찬사를 보내어야 합니다. 서로 비판하기보다 서로 존중해 주어야 합니다. 서로 사랑을 고백해야 합니다. 때로는 상대방이 사랑스럽지 않을 때가 있습니다. 그럴지라도 사랑하는 마음을 표현해야 합니다. 사랑은 표현하는 것입니다.

사랑은 독백이 아닙니다. 사랑을 느끼는 것으로 만족해서

는 안 됩니다. 상대방을 귀하게 여긴다면, 상대방에게 자신의 마음을 표현해야 합니다. 말에는 위력이 있습니다. 말로 표현해야 합니다. 말로 표현할 때, 말의 위력을 경험할 수 있습니다.

구원받은 사람은 말이 달라집니다. 은혜를 받으면, 표현이 달라집니다. 우리를 바라보시는 하나님을 바라보기 때문입니다. 하나님이 나를 존귀하게 여기시고 사랑하시는 것을 아는 사람은 하나님을 뜨겁게 사랑할 수 있습니다. 우리는 하나님의 사랑을 이미 받았습니다. 우리를 사랑하셔서 구원하신 하나님은 우리에게 계속 사랑을 고백하십니다. 우리도 하나님을 바라보며 사랑을 고백해야 합니다.

하나님의 사랑을 경험한 만큼 하나님을 뜨겁게 사랑할 수 있습니다. 예배 시간은 하나님을 사랑하는 마음을 표현하는 시간입니다. 예배 시간에 우리는 하나님을 주목해야 합니다. 하나님의 사랑을 경험한 사람은 그분의 크고 놀라운 사랑을 찬양할 수밖에 없습니다. 하나님의 사랑으로 인해 즐거워할 수밖에 없습니다.

우리가 하나님을 사랑하고 그의 계명들을 지킬 때에 이로써 우리가 하나님의 자녀를 사랑하는 줄을 아느니라 하나님을 사랑하는 것은 이것이니 우리가 그의 계명들을 지키는 것이라 그의 계명들은 무거운 것이 아니로다 요일 5:2-3

하나님을 사랑하는 사람은 하나님의 말씀대로 삽니다. 하나님을 사랑하기 때문에 성경의 계명을 부담스러워하지 않습니다. 사랑하는 하나님을 위해 무엇이든 하고 싶어 하기 때문에 계명에 적극적으로 순종합니다.

16절에서 술람미 여인은 "우리의 침상은 푸르고"라고 말합니다. 침상은 사랑하는 두 사람만의 은밀한 공간입니다. 마치 지성소와 같습니다. 하나님이 임재하시는 곳, 일대일로 나를 만나 주시는 곳입니다. 이곳에서 우리는 하나님을 깊이 경험할 수 있습니다. 하나님을 깊이 알 수 있습니다. 하나님과 하나가 될 수 있습니다.

히브리어로 '야다'(yada)는 경험하여 아는 것을 의미합니다. 경험하여 아는 것과 지식적으로 아는 것은 다릅니다. 하나님을 아는 것은 단순히 지식적으로 아는 것이 아닙니다. 몸을 입고 이 땅에 오신 하나님을 경험하여 아는 것입니다. 남녀가 오랫동안 교제해도, 서로를 완벽하게 알 수 없습니다. 결혼해야 서로를 완벽하게 알 수 있습니다. 두 사람이 하나 될 수 있습니다.

신앙생활을 오래 했지만, 하나님을 분명하게 알지 못하는 사람이 있습니다. 하나님을 경험하지 못했기 때문입니다. 하나님과 교제하지 못한 사람은 하나님과의 친밀함을 알 수 없습니다. 만약 그렇다면 아가서를 살펴보며 하나님을 경험하기 바랍니다. 하나님과 친밀해지기 바랍니다. 하나님을 경험한 사람은 그분의 매력을 느낍니다. 하나님의 아름다움에 압도됩니다. 하나님과 함께하는 시간을 매우 달콤하게 느낍니다. 하나님께 감탄하지 않을 수 없습니다.

하나님은 우리와 교제하기를 원하십니다. 그래서 우리의 마음 문 밖에 서서 그 문을 두드리십니다.

> 볼지어다 내가 문 밖에 서서 두드리노니 누구든지 내 음성을 듣고 문을 열면 내가 그에게로 들어가 그와 더불어 먹고 그는 나와 더불어 먹으리라 계 3:20

우리가 하나님을 사랑하기 전에 하나님이 먼저 우리를 사랑하셨습니다. 성경에는 우리를 향한 하나님의 사랑 고백이 기록되어 있습니다. 우리가 하나님의 사랑을 깨닫지 못할 때도 하나님은 우리를 사랑하셨습니다. 하나님은 지금도 변함없이 우리를 사랑하십니다.

> 우리 집은 백향목 들보, 잣나무 서까래로구나 아 1:17

여기서 "우리 집"은 솔로몬과 술람미 여인이 함께하는 곳입니다. 사랑을 나누는 곳입니다. 잠시 쉬는 곳이 아니라, 오래 머무는 곳입니다. 백향목은 내구성이 강합니다. 그래서 솔로몬은 백향목으로 성전을 지었습니다. 백향목은 변하지 않는 견고함을 의미합니다. 백향목을 들보로, 잣나무를 서까래로 집을 지었기 때문에 집이 튼튼합니다. 무너지지 않습니다. 그리고 향기가 납니다. 집은 함께하는 장소입니다. 집이 큰가 작은가보다 누구와 함께하는가가 중요합니다. 함께하는 사람과 안식하는 것이 중요합니다.

우리는 하나님 안에서 안식할 수 있습니다. 하나님과 친밀해질 수 있습니다. 이것이 우리가 누리는 최고의 특권입니다. 신앙생활은 하나님과 함께하는 법을 배우는 것입니다. 다른 곳에서는 안식할 수 없습니다. 하나님 안에서만 우리가 안식할 수 있습니다.

우리는 오직 하나님을 통해 사랑을 배울 수 있습니다. 하나님 안에서 사랑이 무르익습니다. 사랑을 누릴 수 있습니다. 하나님의 사랑이 우리를 살게 합니다.

part 2.

위기를 이기는 사랑

chapter 5.

그의 품에서 고요함을 누리다 *

¹ 나는 사론의 수선화요 골짜기의 백합화로다

² 여자들 중에 내 사랑은 가시나무 가운데 백합화 같도다

³ 남자들 중에 나의 사랑하는 자는 수풀 가운데 사과나무 같구나 내가 그 그늘에 앉
아서 심히 기뻐하였고 그 열매는 내 입에 달았도다

⁴ 그가 나를 인도하여 잔칫집에 들어갔으니 그 사랑은 내 위에 깃발이로구나

⁵ 너희는 건포도로 내 힘을 돕고 사과로 나를 시원하게 하라 내가 사랑하므로 병이
생겼음이라

⁶ 그가 왼팔로 내 머리를 고이고 오른팔로 나를 안는구나

⁷ 예루살렘 딸들아 내가 노루와 들사슴을 두고 너희에게 부탁한다 내 사랑이 원하
기 전에는 흔들지 말고 깨우지 말지니라

복음은 누구든지 누릴 수 있습니다

술람미 여인은 자신을 가리켜 "나는 사론의 수선화요 골짜기의 백합화로다"라고 말합니다. 얼핏 보면 자신을 칭송하는 것처럼 들릴 수 있습니다. 그러나 당시의 배경을 생각해 보면 오히려 그 반대의 의미를 담고 있습니다.

사론의 수선화와 골짜기의 백합화는 특별한 정원에서만 자라는 귀한 꽃이 아니라 들판과 골짜기에서 흔히 볼 수 있는 꽃이었습니다. 술람미 여인은 자신을 특별한 존재로 드러내려 한 것이 아니라, 오히려 평범하고 소박한 들꽃을 들어 자신을

겸손하게 표현한 것입니다.

이어지는 2절에서 왕은 술람미 여인의 고백을 그대로 받아들이지 않고 다시 평가합니다. 왕은 그를 향해 "가시나무 가운데 백합화 같다"고 말합니다. 들판에 흔한 꽃이 아니라 가시들 가운데서도 돋보이는 특별한 꽃이라는 의미입니다. 술람미 여인은 자신을 평범한 들꽃으로 표현했지만, 왕의 시선은 달랐습니다. 왕은 그가 생각한 것보다 훨씬 더 귀하고 특별한 존재로 그를 바라보고 있었습니다.

이 장면은 우리에게 중요한 메시지를 전합니다. 우리는 때때로 자신을 매우 평범하고 보잘것없는 존재로 여길 수 있습니다. 그러나 하나님은 우리를 그렇게 보지 않으십니다. 하나님은 내가 생각하는 것보다 훨씬 더 귀하고 아름다운 존재로 나를 바라보십니다.

샤론의 수선화와 골짜기의 백합화가 많은 사람이 볼 수 있는 곳에 피는 꽃입니다. 이런 모습은 복음의 특징과 닮았습니다. 복음은 소수의 사람만을 위한 것이 아닙니다. 누구든지 다가올 수 있고, 그 은혜를 누릴 수 있습니다.

내 주님 입으신 그 옷은 참 아름다워라
그 향기 내 맘에 사무쳐 내 기쁨 되도다
_ "내 주님 입으신 그 옷은" (찬송가 87장)

샤론의 꽃 예수 나의 마음에 거룩하고 아름답게 피소서

내 생명이 참 사랑의 향기로 간 데마다 풍겨나게 하소서

_ 찬송가 89장 "샤론의 꽃 예수"(찬송가 87장)

신앙생활을 하며 예수님의 향기를 느낀 적이 있습니까? 영혼을 사로잡을 만큼 강렬한 예수님의 향기를 경험한 적이 있습니까? 신앙생활을 하면서 우리는 예수님의 향기를 깊이 경험해야 합니다. 예수님의 향기와 비교할 수 있는 것은 어디에도 없습니다.

예수님은 숨어 계시는 분이 아닙니다. 누구든지 그분께 나아갈 수 있습니다. 누구든지 그분을 알고, 그 은혜를 누릴 수 있습니다. 그리스도께서는 낮아지심으로 우리에게 다가오셨습니다. 성육신하신 예수님은 높은 곳에서 바라보는 분이 아니라 우리 가운데 오셔서 함께하시는 분입니다. 그분은 관람의 대상이 아니라 누림의 대상입니다. 누구든지 다가가 은혜를 경험하고 사랑을 누릴 수 있습니다.

예수님이 왜 낮아지셨습니까? 우리가 예수님께 다가갈 수 있도록 낮이질 대로 낮아지셨습니다. 예수님은 우리와 함께하기를 원하십니다. 예수님은 우리가 그분께 가까이 오기를 원하십니다. 우리가 예수님께 다가갈수록 우리는 예수님을 더 깊이 사랑하게 됩니다.

복음은 우리에게 값없이 주어졌습니다. 누구든지 복음을 소유할 수 있고, 누릴 수 있습니다. 복음을 맛본 사람은 복음 안

에서 하나님을 경험해야 합니다. 복음 안에서 흘러넘치는 하나님의 은혜를 누려야 합니다. 복음 안에 들어가면 '쥐어짜는 신앙'이 사라지고 '흘러넘치고 누리는 신앙'으로 바뀝니다.

> 너희는 여호와의 선하심을 맛보아 알지어다그에게 피하는 자는 복이 있도다 시 34:8

예수님이 우리에게 다가오셨기에 우리는 예수님을 알 수 있습니다. 요한은 "우리가 들은 바요 눈으로 본 바요 자세히 보고 우리의 손으로 만진 바라"(요일 1:1)라고 말하며, 그리스도와의 만남이 단순한 사상이 아니라 실제적인 경험임을 증언합니다.

세상에 꽃향기를 드러내야 합니다

> 여자들 중에 내 사랑은 가시나무 가운데 백합화 같도다 아 2:2

2절은 솔로몬이 술람미 여인을 향해 한 말입니다. 솔로몬은 술람미 여인을 가시나무 가운데 백합화 같다고 했습니다. 가시덤불 속에 피어 있는 꽃은 아름답지만, 가시로 인해 꽃잎에 상처가 나기 쉽습니다. 마치 험한 세상을 살아가는 우리 모습과 같습니다. 세상에서 시련과 고난을 겪으며 우리는 누구에게도 말할 수 없는 아픔과 상처를 품고 살아갑니다. 그리스도인이라는 이유로 미움을 받을 때도 있습니다. 직장에서, 때로는 가정에서 쫓겨나는 일도 있습니다. 세상 속에서 믿음을 지키는 일은 쉽지 않습니다.

그럼에도 백합화는 우아하고 품위가 있습니다. 우리는 세상 속에서 백합화처럼 살아야 합니다. 세상 속에서 순결하게 살아야 합니다. 우리는 예수님처럼 온유하고 겸손해야 하며, 우리의 모습을 통해 예수님을 드러내야 합니다. 우리가 받은 은혜를 세상 속에 전해야 합니다.

도종환 시인은 "꽃은 젖어도, 향기는 젖지 않는다"라고 말했습니다. 광야 같은 세상에서 살지만, 성도는 세상 속에서 그리스도인의 향기를 드러내야 합니다. 가시에 상처 입은 백합화의 향기는 더 짙어질 수 있습니다. 상처가 향기를 지우지 못합니다. 우리가 세상 속에서 향기를 드러내지 않으면 이 세상은 악취로 가득할 것입니다. 그러므로 우리는 세상 속에서 향기를 드러내며 살아, 이 세상을 아름답게 변화시켜야 합니다.

하나님이 주시는 기쁨은 영원합니다

남자들 중에 나의 사랑하는 자는 수풀 가운데 사과나무 같구나 내가 그 그늘에 앉아서 심히 기뻐하였고 그 열매는 내 입에 달았도다
아 2:3

이번에는 술람미 여인이 솔로몬에 대해 말합니다. 여기서 "남자들 중에 나의 사랑하는 자"라는 표현은 상대를 가장 뛰어난 사람, 가장 탁월한 사람이라고 높여 주는 말입니다.

더불어 술람미 여인은 솔로몬을 "수풀 가운데 사과나무" 같다고 말했습니다. 사과나무는 보통 과수원에서 가꿉니다. 그런데 수풀 가운데 사과나무가 있다니, 키가 낮은 수풀들 사이에 우뚝 서 있는 그 모습이 눈에 띄고 특별할 것입니다. 이는 예수님의 위엄과 탁월하심을 떠올리게 합니다.

그 안에는 지혜와 지식의 모든 보화가 감추어져 있느니라 골 2:3

신앙생활은 아름다우신 예수님께 매료되는 것입니다. 예수님은 볼수록 매력적이신 분입니다. 예수님은 세상에서 가장 아름다운 것보다 더 아름다우시며, 우리의 마음을 사로잡으십니다. 신앙생활이 식상해진다면 그리스도 때문이 아니라, 그리스도를 알아 가는 내 지식과 경험이 부족하기 때문일 수 있습니다.

술람미 여인은 왕에 대해 들었을 뿐 아니라, 왕의 그늘 아래 앉았습니다. 그 아래에서 쉼을 누리고 기쁨을 누립니다. 살다 보면 지칠 때가 있습니다. 교회에 다닌다고 다르지 않습니다. 오히려 교회에서 오랫동안 봉사하다 보면 지치는 때가 옵니다. 그러므로 우리에게는 참된 위로와 그늘이 필요합니다. 예수님만이 우리에게 참된 위로와 안식을 주십니다.

술람미 여인은 사과나무 그늘에 앉아 "심히 기뻐하였"다고 말합니다. 사랑하는 연인과 함께하며 세상에서 경험할 수 없는 기쁨을 누렸다는 말입니다. 우리도 하나님의 그늘 아래 앉아 쉼을 누릴 때 세상에서 경험할 수 없는 기쁨과 평안, 만족을 경험할 수 있습니다.

"그 열매는 내 입에 달았도다"라는 술람미 여인의 고백처럼, 우리가 하나님 그늘 아래 앉을 때 하나님은 우리의 삶에 활력과 기쁨을 주십니다. 우리는 오직 하나님 안에서 참된 만족과 기쁨을 누립니다. 세상에서 경험하는 기쁨은 오래 지속되지 않지만, 하나님이 주시는 기쁨은 영원히 지속됩니다. 그래서 우리는 하나님을 찾고 그분을 갈망합니다.

> 그가 나를 인도하여 잔칫집에 들어갔으니 그 사랑은 내 위에 깃발이로구나 아 2:4

술람미 여인은 사랑하는 이가 자신을 잔칫집으로 이끌었다고 고백합니다. 여기서 중요한 것은 주어가 '그'라는 사실입니다. 우리가 스스로 들어간 것이 아닙니다. 신랑이 인도해 준 것입니다.

교회는 잔칫집 같아야 합니다. 모일 때마다 축제가 벌어져야 합니다. 구원의 참된 의미를 아는 사람은 기뻐할 수밖에 없습니다. 하나님으로 인해 기뻐하는 것이 우리의 힘입니다. 그런데 교회 안에 있으면서도, 예수님을 통해 경험하는 즐거움과 구원받은 것으로 인한 기쁨을 알지 못하는 사람이 있습니다. 이런 사람은 이 시대의 바리새인이라고 할 수 있습니다.

누가복음 15장의 탕자 비유에서, 둘째 아들이 돌아왔을 때 아버지는 살진 송아지를 잡아 잔치를 베풀었습니다. 그러나 맏아들은 풍악과 춤추는 소리를 듣고도 아버지의 집에 들어가지 않았습니다. 그는 그 시대의 바리새인과 같았습니다.

하나님은 우리를 잔칫집으로 인도하십니다. 모든 것이 최상으로 준비된 곳으로 우리를 초대하십니다. 예수님 안에서 충만한 기쁨을 누리게 하십니다. 우리는 왕 되신 예수님 안에서 기쁨을 누려야 합니다.

요한복음 2장에서 예수님은 가나 혼인 잔칫집에서 첫 번째 기적을 행하셨습니다. 잔칫집에 포도주가 바닥났을 때, 예수님이 물을 포도주로 바꾸셔서 잔칫집의 기쁨을 회복시켜 주셨습니다. 잔치를 반복하다 보면, 잔치의 의미를 잊어버린 채 형식적으로 즐기며 만족할 수 있습니다. 유대인들은 이를 경계하며 유월절에 아가서를 읽었습니다. 아가서를 읽으며 구원의 기쁨을 회복하고자 했습니다.

> 나를 보내신 아버지께서 이끌지 아니하시면 아무도 내게 올 수 없으니 오는 그를 내가 마지막 날에 다시 살리리라 요 6:44

그런데 우리는 스스로 잔칫집에 들어갈 수 없습니다. 우리는 죄로 인해 하나님으로부터 멀어진 사람입니다. 그런 우리가 무슨 자격으로, 무슨 힘으로 하나님의 잔치에 참여하겠습니까? 원래 잔칫집에는 아무나 갈 수 없습니다. 초대받은 사람만 갈 수 있습니다. 하나님이 우리를 초대해 주셔야 갈 수 있습니다. 하나님이 우리를 이끄셔야 들어갈 수 있습니다. 하나님이 우리를 이끄셔서 하나님 앞으로 나아가게 하십니다. 하나님은 우리를 강제로 이끄시지 않습니다. 오히려 사랑으로 이끄십니다. 그러므로 하나님이 우리를 이끄시는 것이 은혜입니다.

"그 사랑은 내 위에 깃발"이라는 표현은 사랑으로 덮으시는 왕의 이미지를 떠올리게 합니다. 하나님은 하나님의 백성들을 위해 깃발을 세우십니다. 깃발을 세운다는 것은 "너는 내 것이다"라고 사랑을 선언하는 것입니다. 하나님이 백성들을 위해 깃발을 세우시는 것은 백성을 보호하신다는 의미입니다. 하나님의 백성은 그분의 사랑을 받는 자이기에 누구도 해칠 수 없습니다. 십자가는 사랑의 깃발이며, 동시에 승리의 상징입니다.

깃발을 세우는 것은 공개적입니다. 솔로몬과 술람미 여인은 은밀하게만 사랑하지 않습니다. 우리와 하나님과의 사랑도 마찬가지입니다. 하나님은 우리를 자랑스러워하십니다. 그러므로 우리는 우리가 하나님을 사랑하는 것을 사람들에게 알려야 합니다.

솔로몬과 술람미 여인 사이에는 신분의 차이가 있습니다.

그러나 두 사람은 그것을 중요하게 여기지 않았습니다. 서로를 부끄러워한다면 사랑할 수 없습니다. 사랑하는 사람은 서로를 자랑스러워해야 합니다. 이것이 건강한 사랑입니다.

주님의 품에 기꺼이 안기십시오

너희는 건포도로 내 힘을 돕고 사과로 나를 시원하게 하라 내가 사랑하므로 병이 생겼음이라 아 2:5

술람미 여인은 사랑하므로 병이 생겼다고 말합니다. 이는 사랑이 부족해서 생긴 현상이 아닙니다. 오히려 반대입니다. 술람미 여인은 사랑을 알기에 병이 생겼습니다. 상사병이라는 말이 있듯, 사랑의 갈망이 너무 강하여 다른 무엇도 할 수 없을 만큼 마음이 사로잡힌 상태를 떠올릴 수 있습니다.

사랑을 느끼지 못하는 것이 병입니다. 사랑에 무감각한 것은 불행입니다. 사랑하므로 병이 생겼다는 말은 사랑을 갈망하는 마음이 강하여 감당하기 어려운 상태를 의미합니다. 이는 사랑이 부족한 것이 아니라 사랑으로 충만한 상태입니다.

하나님이여 주는 나의 하나님이시라 내가 간절히 주를 찾되 물이 없어 마르고 황폐한 땅에서 내 영혼이 주를 갈망하며 내 육체가 주를 앙모하나이다 시 63:1

우리가 하나님을 사랑하여 병이 생기면 자아는 약해지고, 하나님의 강력한 사랑에 압도됩니다. 그분의 사랑에 사로잡힙니다. 이것을 경험한 사람은 하나님의 사랑 가운데 살아갑니다. 바울도 "이제는 내가 사는 것이 아니요 오직 내 안에 그리스도께서 사시는 것이라"(갈 2:20)라고 고백합니다. 하나님과 사랑에 빠진 사람은 하나님의 사랑을 더 갈망합니다.

그가 왼팔로 내 머리를 고이고 오른팔로 나를 안는구나 아 2:6

이는 사랑의 가장 아름다운 장면 가운데 하나입니다. 가볍게 스쳐 지나가는 사랑이 아니라, 깊이 끌어안는 사랑의 모습입니다. 주님은 우리를 피상적으로 사랑하시지 않습니다. 온 존재를 품으시며 사랑하십니다. 이 장면은 단순한 표현이 아니라, 깊은 친밀함과 돌보심이 담긴 사랑의 언어입니다.

사랑에 있어서 신체적 접촉은 중요한 의미를 가집니다. 어떤 이들은 사랑을 관념적으로만 이해하려 하지만, 성경이 말하는 사랑은 실제로 맛보고 느끼며 누리는 사랑입니다. 사랑은 생각에 머무르지 않고, 경험을 통해 전달됩니다.

아가서에 등장하는 다양한 감각의 묘사들—연회장에서 들려오는 소리, 비둘기의 구구거림, 백합화의 향기, 포도의 달콤함과 사과의 풍미—은 모두 우연이 아닙니다. 이는 사랑이 오감을 통해 전달된다는 사실을 보여 줍니다. 우리가 성찬식에서

떡과 포도주를 먹고 마시는 것처럼, 하나님의 사랑 역시 감각을 통해 경험됩니다. 우리는 보고, 느끼고, 맛보며 그 사랑을 받아들입니다.

솔로몬이 왼팔로 술람미 여인의 머리를 받쳐 눕고 오른 팔로 그를 안았습니다. 이 장면은 매우 섬세하고도 아름다운 그림입니다. 특별한 돌봄을 의미합니다. 여기서 '안는다'는 말은 단순한 접촉이 아니라, 사랑으로 감싸 보호한다는 뜻입니다. 이는 남편이 아내를 향해 품는 사랑의 모습이며, 신랑이 신부를 팔로 끌어안아 가까이 붙드는 장면입니다. 하나님도 우리를 그렇게 단단히 붙드십니다. 사랑으로 붙드시고, 흔들리지 않게 합니다.

그러므로 외적인 위로를 구하지 말아야 합니다. 물질이나 환경을 통해 위로를 얻으려 하지 말아야 합니다. 주님의 품은 단순한 위로를 넘어, 연합을 이루게 합니다. 주님 안에 안겨 있을 때 우리는 모든 일을 할 수 있습니다. 그 품은 우리를 무너지지 않게 하고 다시 일어서게 합니다. 이것이 최고의 위로이며, 새 힘을 얻는 자리입니다. 그 품 안에서 우리는 조용히 잠들 수 있고, 그 잠은 거룩한 안식이 됩니다.

주님은 우리를 품으시는 분입니다. "주의 친절한 팔에 안기세"라는 찬송가의 고백처럼, 기꺼이 주님 품에 안기는 경험을 해야 합니다. 주님은 우리 한 사람 한 사람을 품으시며, 그 품 안으로 우리를 초청하십니다. 혹시 사람들로부터 소외감을 느끼고 있습니까? 외로움 가운데 있습니까? 봉사하다가 지치지는 않았습니까? 주님은 우리를 몰아붙이시는 분이 아닙니다. 주님은 일을 잘 시키는 코치가 아니라, 우리를 사랑으로 품으시는 신랑입니다.

그러므로 그분의 품 안에 충분히 안기십시오. 그때는 아무것도 하지 않아도 됩니다. 안식할 줄 아는 사람이 사역도 잘 감당할 수 있습니다. 우리는 주님의 품 안에 거하며 살아가는 존재들입니다.

성급함은 파괴를, 기다림은 완성을 가져옵니다

예루살렘 딸들아 내가 노루와 들사슴을 두고 너희에게 부탁한다 내 사랑이 원하기 전에는 흔들지 말고 깨우지 말지니라 아 2:7

여기서 노루와 들사슴을 두고 부탁하는 것은 온유함과 고요함을 의미합니다. 노루와 들사슴은 작은 소리에도 쉽게 놀라 도망치는 매우 예민한 동물입니다. 이 비유는 사랑이 얼마나 섬세하고 민감한 상태에 놓여 있는지를 보여 줍니다. 술람미 여인은 예루살렘의 딸들에게 간절히 호소합니다. 자신과 사랑하는 이 사이의 사랑이 방해받지 않기를 바라는 간절한 요청입니다. 이 장면은 마치 문 바깥에 '방해금지'(Do not disturb) 푯말을 붙여 놓은 것과 같습니다.

그러나 이 행복한 시간을 깨우려는 사람들이 등장합니다. 사랑을 방해하는 존재들이 있습니다. 성경은 그들을 '예루살렘의 딸들'로 표현합니다. 이들은 술람미 여인의 안식을 흔들고, 지금 누리고 있는 사랑의 깊이를 깨뜨리는 상징적 인물들입니다.

안식을 방해하는 사람들은 반드시 노골적으로 악한 모습으로 나타나지 않습니다. 겉으로는 경건해 보이지만, 다른 사람의 삶에 쉽게 개입하며 상처를 주는 사람들이 있습니다. 자신이 감당해야 할 일은 돌아보지 않으면서, 남의 신앙과 상태를 판단하고 간섭하는 태도입니다. 이러한 모습은 결국 사랑과 안식을 방해하는 결과를 낳습니다.

신앙생활을 잘한다는 것은 남의 신앙을 관리하는 것이 아니라, 각자가 자신의 영적 상태를 하나님 앞에서 점검하는 것입니다. 안식해야 할 때에는 반드시 안식해야 하며, 그 시간 동안 하나님과의 사랑은 더욱 깊어집니다. 안식은 멈춤이 아니라, 하나님이 일하시는 또 하나의 방식입니다.

하나님의 사랑을 경험한 사람은 그 상태가 지속되기를 원합니다. 그 사랑을 충분히 누리고 싶어 하며, 방해하는 일이 일어날까 경계합니다. 그래서 영적으로 민감해지고, 사랑을 보호하려는 태도를 취합니다. 사랑은 예민하고 조심스러운 영역입니다. 사랑이 자라기 위해서는 시간이 필요합니다. 조급하게 다가가거나 판단해서는 안 됩니다. 그 시간을 기다릴 수 있는 사람이 성숙한 사람입니다. 그래서 고린도전서 13장에서도 "사랑은… 무례히 행하지 아니하며"(4-5절)라고 말합니다.

진정한 사랑은 오래 참음을 요구합니다. 사랑은 고도의 분별과 절제를 요구하며, 깊어질수록 더욱 세심한 보호가 필요합니다. 방심하면 사랑은 쉽게 깨어질 수 있습니다. 영적 친밀함은 강요로 만들어지지 않습니다. 기다림 속에서 사랑은 자라고, 그 과정 속에서 사람도 함께 성숙해집니다. 사랑은 게임이 아니며, 서두를수록 상처만 남깁니다. 특히 젊은 시절의 사랑은 미숙할 수 있으며, 성급함은 관계를 파괴하는 결과를 낳습니다.

사랑한다고 해서 쉽게 몸을 요구하는 것은 사랑이 아니라 탐욕이며, 결국 육체적 탐닉만 남길 뿐입니다. 그러므로 사랑의 여정에는 지속적인 순결이 필요하며, 이는 성령의 도우심 안에서만 지킬 수 있습니다. 결혼한 사람이든 미혼이든, 사랑에는 반드시 기다림이 필요합니다. 사랑은 쉽게 상처받기에, 상대의 속도를 존중하고 맞추어 주어야 합니다.

사랑은 완성되는 때가 있습니다. 주님도 늘 그 '때'를 의식하며 사셨습니다. 사랑은 하나님의 시간표 안에서 천천히 익어 가며, 자라는 동안 보호받아야 합니다. 그러므로 사랑한다면 상대를 지켜 주어야 합니다. "깨우지 말라"는 말씀은 사랑을 앞당기거나 흔들지 말고, 조용히 자라 가도록 보호하라는 뜻입니다. 사랑은 상대가 스스로 성장할 수 있도록 곁을 지켜 주는 것입니다.

하나님의 사랑은 충분히 누려야 할 단계가 있습니다. 그 단계는 반드시 거쳐야 하며, 서둘러 뛰어넘어서는 안 됩니다. 주님의 사랑이 우리 안에 충분히 머무는 시간을 통해 우리의 내면은 비로소 안정되고 회복됩니다. 이 과정을 생략하면 신앙은 쉽게 소진되고, 관계는 깊어지지 못합니다.

그러므로 교회에 나온 지 얼마 되지 않은 성도를 곧바로 사역의 자리로 끌어들이는 것은 위험합니다. 은혜를 받았다고 해서 곧바로 감당의 자리로 나아갈 수 있는 것은 아니며, 신앙의 성장은 언제나 시간을 필요로 합니다. 주님이 나를 위해 하신 일을 충분히 누리는 단계에서, 주님이 내 안에서 하실 일에 자신을 내어드리는 단계에 이르기까지는 분명한 간극이 있습니다. 이 간극은 하루아침에 메워지지 않습니다. 하나님 앞에 머물며 은혜를 누리며 기다리는 시간을 통해서만 건너갈 수 있습니다.

사랑은 고정된 상태로 머무르지 않습니다. 사랑은 매우 민감하게 변화하며 성장합니다. 그러므로 인위적인 개입은 배제해야 합니다. 사랑은 충분히 경험하고 누릴 때 자연스럽게 다음 단계로 나아갑니다. 조급함은 사랑을 성숙시키기보다 오히려 훼손합니다.

영적 친밀함은 강요로 만들어지지 않습니다. 서로를 허용하고 받아들이는 자리에서 관계는 깊어지며, 한 영혼이 온전히 자라기까지는 우리가 생각하는 것보다 훨씬 더 많은 사랑과 시간이 필요합니다. 하나님은 바로 그러한 방식으로 우리를 사랑하셨습니다. 그러므로 이제 주의 팔에 안기십시오. 그 사랑 안에서 잠잠히 머물며, 하나님의 사랑을 깊이 경험하십시오.

함께 가자 말씀하시다 ✽

| 아가 2:8-13 |

8 내 사랑하는 자의 목소리로구나 보라 그가 산에서 달리고 작은 산을 빨리 넘어오는구나

9 내 사랑하는 자는 노루와도 같고 어린 사슴과도 같아서 우리 벽 뒤에 서서 창으로 들여다보며 창살 틈으로 엿보는구나

10 나의 사랑하는 자가 내게 말하여 이르기를 나의 사랑, 내 어여쁜 자야 일어나서 함께 가자

11 겨울도 지나고 비도 그쳤고

12 지면에는 꽃이 피고 새가 노래할 때가 이르렀는데 비둘기의 소리가 우리 땅에 들리는구나

13 무화과나무에는 푸른 열매가 익었고 포도나무는 꽃을 피워 향기를 토하는구나 나의 사랑, 나의 어여쁜 자야 일어나서 함께 가자

사랑하면 달려갑니다

내 사랑하는 자의 목소리로구나 보라 그가 산에서 달리고 작은 산을 빨리 넘어오는구나 아 2:8

술람미 여인은 사랑하는 자의 목소리를 금방 알아듣습니다. 10절에서도 "나의 사랑하는 자가 내게 말하여 이르기를"이라고 하며 경청하는 모습이 나옵니다. 듣는 것이 굉장히 중요합니다. 사랑하면 들립니다. 신앙생활은 듣는 것입니다. 들리

지 않으면 신앙생활이 시작된 것이 아닙니다.

무엇이 들립니까? 하나님의 말씀이 들려야 합니다. 우리는 하나님을 볼 수 없습니다. 육체의 눈으로는 하나님이 보이지 않습니다. 그러면 어떻게 믿습니까? 들려야 믿을 수 있습니다. 말씀이 들려야 합니다. 하나님의 말씀이 들리면 그것이 하나님을 보는 것입니다. "믿음은 들음에서"(롬 10:17) 난다는 말씀처럼, 들어야 믿음이 생기고 귀가 열립니다.

왜 들려야 합니까? 하나님은 말씀하시는 분이기 때문입니다. 구약시대에는 하나님이 선지자들을 통해서 직접 말씀하셨습니다. 신약시대로 넘어와서는 성령을 통하여 우리에게 말씀하십니다. 그러므로 영적 청각이 확 열려야 합니다. 은혜가 넘치고 영적으로 자라나면 말씀이 그냥 들립니다. 사랑이 무엇입니까? 사랑하는 자의 목소리가 들리는 것입니다.

사랑하는 이가 산을 달리고 작은 산을 뛰어넘어 술람미 여인에게 다가오고 있습니다. 두근거리는 시간입니다. 굉장히 중요한 시간이 왔습니다.

> 내 사랑하는 자는 노루와도 같고 어린 사슴과도 같아서 우리 벽 뒤에 서서 창으로 들여다보며 창살 틈으로 엿보는구나 아 2:9

술람미 여인은 자신을 향해 달리고 뛰어넘어 오는 그를 노루와 어린 사슴으로 비유합니다. 굉장히 빠르고 날쌔며 민첩하고 에너지가 넘칩니다. 이것은 단순히 속도를 말하는 것이 아니라, 기대감과 기쁨을 상징합니다.

사랑하는 자가 지금 사랑하는 여인을 위해 달려오고 있습니다. 여기서 첫 번째로 볼 것은, 항상 출발점이 우리가 아니라 주님이라는 사실입니다. 사랑의 출발점은 주님이십니다. 거리를 좁히는 쪽은 우리가 아니라 하나님이십니다.

또한 술람미 여인은 그가 자신에게 다가오는 모습에서 사랑의 열정을 느낍니다. 솔로몬은 사랑하는 대상에 대한 간절함으로 장애물을 뛰어넘습니다. 우리 주님이 우리에게 달려오신 모습이 이렇습니다. 그분은 어떻게 우리에게 다가오셨습니까? 열정적으로 다가오셨습니다. 자기 백성을 구원하시기 위해 주님은 달려오셨습니다. 누구도 막을 수 없었습니다. 하늘에서 땅을 향해 멈춤이 없이, 거침없이 달려오셨습니다. 마지못해 오신 것이 아닙니다. 기쁨으로 달려오신 것입니다.

관계가 깊어지려면 한쪽에 열정이 있어야 합니다. 대가를 지불해야 하고, 헌신해야 합니다. 저절로 사랑이 이루어지지 않습니다. 젊은 남녀도 게으르면 연애할 수 없습니다. 부지런해야 합니다. 그리고 엄청난 대가를 지불해야 합니다.

주님은 지금도 우리에게 계속해서 달려오십니다. 하나님 편에서 계속 우리에게 구애하십니다. 우리를 빨리 만나기 원하십니다. 그런데 우리는 그분에게로 가까이 가지 않습니다. 이스라엘 역사를 보면, 그들도 계속해서 하나님을 떠났습니다.

그들더러 어리석다 할 수 없습니다. 우리도 마찬가지입니다. 주님께 다가가기는커녕 무관심할 때가 많습니다. 주님은 말처럼 달려오시는데 우리는 주님께 가는 것이 거북이처럼 더딥니다. 어떤 사람은 일평생 한 발짝밖에 못갑니다. 교회를 다니긴 하는데 마음은 하나님 앞에 한 발짝도 갈까 말까 합니다. 조그만 장애물이 생겨도 꼼짝 못 합니다.

그러나 주님은 모든 장애물을 뛰어넘어 다가오셨습니다. 지칠 줄 모르는 열정으로 포기하지 않고 우리에게 다가오십니다. 항상 그렇습니다. 사랑하는 편이 적극적이고 빠릅니다. 그분은 우리에게 점점 더 가까이 오기를 원하시고, 이미 다가와 계시며, 절대로 늦지 않게 우리에게 다가오시는 분입니다.

위기를 통해 사랑이 무르익습니다

9절에 보면 사랑하는 자가 달려서 술람미 여인이 있는 곳까지 왔는데, 바로 만나러 오지 않고 담 밖에 서 있습니다. 벽 뒤에 서서 창으로 들여다보며 창살 틈으로 엿봅니다. 가까이 왔지만 거리를 두고 있습니다. 여기에서 "엿본다"는 말은 감시가 아닙니다. 사랑의 응시라고 할 수 있습니다. 사랑하는 자에게 시선이 머물러 있는 것입니다. 아주 가까이 다가오셨지만, 아직 당신의 모습을 확실히 드러내지 않으시는 것입니다.

이것은 사랑의 방식 중 하나입니다. 미세한 임재를 느끼지만 아직 확실하지는 않습니다. 벽이 중간에 있습니다. 벽 뒤에

창이 있습니다. 그러나 이것은 단절이 아닙니다. 거리가 벽 하나 사이로 좁혀진 것입니다. 의도적인 거리입니다. 왜 벽이 존재합니까? 잠시 기다리시는 것입니다.

이때 기다리는 사람은 사랑하는 이의 부재를 느낍니다. 사랑하는 이가 보이지 않습니다. 사랑하는 사람들 사이에서 일어나는 일시적 부재입니다. 가까이 있는데도 느낄 수 없습니다. 그때 고통스러움을 경험합니다. 사랑하는 관계일수록 부재로 인한 고통이 더 큽니다. 잠시의 부재도 힘들어합니다.

신앙생활 중에도 하나님의 부재를 느끼는 순간이 있습니다. 신앙의 길에서 종종 영적 침체를 경험합니다. '영혼의 어두운 밤'이라고도 하고, 영어로는 'Spiritual Depression'(영적 침체기)라고 말합니다. 신앙생활을 잘하다가 어느 날 갑자기 무너진 것처럼 느껴집니다. 이때는 하나님을 전혀 느낄 수 없습니다. 어느 날, 모든 것이 단절된 느낌이 찾아옵니다. '하나님이 나를 버리셨는가?'라는 마음이 들 정도입니다. 시편에는 "내 하나님이여 어찌 나를 버리셨나이까"(시 22:1) 하는 고백이 있습니다. 예수님도 십자가에서 "나의 하나님, 나의 하나님 어찌하여 나를 버리셨나이까"(막 15:34)라고 부르짖으셨습니다. 하나님의 부재를 경험하는 순간입니다. 그때는 하나님을 느낄 수 없습니다. 아버지와 거리를 느끼는 것입니다.

그러나 이런 경험은 굉장히 자연스러운 것입니다. 하나님이 나를 버리신 것이 아닙니다. 안 계신 것처럼 느껴지는 것뿐입니다. 그것은 감정입니다. 신앙생활에 감정은 필요합니다. 그러나 감정이 전부가 되어서는 안 됩니다.

사랑도 그렇습니다. 처음 사랑을 시작할 때는 감정에 불이 붙습니다. 뜨겁습니다. 죽고 못 삽니다. 그때는 이 사랑이 영원히 지속될 것처럼 여깁니다. 거의 천국 입구까지 간 것처럼 행복합니다. 그러나 잊지 마십시오. 언젠가 사랑의 감정은 식습니다. 사랑의 불이 꺼지는 순간이 옵니다. 뜨겁던 감정이 어디로 갔습니까? 결혼한다고 다르지 않습니다. 너무 좋아서 결혼했는데, 콩깍지가 떨어지는 데는 오래 걸리지 않습니다. 어느 순간 다투고 연락이 끊기고 사랑의 위기가 옵니다.

영적 침체기에 우리는 무엇을 경험합니까? 하나님의 부재를 느끼면서, 하나님이 계시지 않으면 나라는 존재가 얼마나 비참한가를 경험합니다. 고아 같은 느낌, "나는 아무것도 아니다"라는 감정입니다. 영혼의 밤을 통과할 때는 캄캄합니다. 기쁨도 사라지고 영적으로 메말라 갑니다. 예배 자리도 그저 그렇습니다. 큐티를 해도 와닿지 않습니다. 하나님의 말씀이 잘 들리지 않고, 보이지도 않습니다. 모든 것이 무미건조해지고, 우울증은 아닌데 우울감이 찾아옵니다.

그런데 이런 시간이 나쁜 것만은 아닙니다. 어쩌면 하나님이 그런 경험을 하도록 내버려 두신 것입니다. 그 시간이 필요하기 때문입니다. 상실처럼 보이지만 더 깊은 사랑으로 나아가게 되는 계기가 됩니다. 사랑은 위기를 통과하면서 성장합니다. 하나님의 부재를 경험하면서 하나님을 향한 갈망이 더 깊어집니다. 결국 그 부재의 시간을 통하여 하나님 없이는 살아갈 수 없다는 깨달음을 얻게 됩니다. 이때 시험이 검증됩니다. 사랑이 자라는 과정입니다. 사춘기의 사랑과 20대의 사랑, 30-40대의 사랑이 다르고, 50, 60, 70대의 사랑은 전혀 다른 국면으로 무르익어 가는 것과 같습니다.

영혼의 밤을 통과하는 동안에도 하나님은 멀리 계시지 않습니다. 단지 우리가 하나님을 보지 못하고 부재를 느낄 뿐입니다. 하나님은 여전히 우리와 가까이 계십니다. 우리를 보고 계십니다. 언제나 준비하고 계십니다. 우리가 할 일은 마음의 문을 여는 것입니다. 우리가 하나님을 원하는 것 이상으로 하나님이 우리를 원하신다는 사실을 믿어야 합니다.

주님과 함께 가면 문제가 없습니다

나의 사랑하는 자가 내게 말하여 이르기를 나의 사랑, 내 어여쁜 자야 일어나서 함께 가자 아 2:10

솔로몬이 술람미 여인에게 동행을 요청합니다. "일어나서 함께 가자"라고 말합니다. 13절에서도 한 번 더 반복합니다. 마침내 술람미 여인을 담장 밖으로 불러냅니다. 바깥으로 나오기를 재촉합니다. 왜냐하면 사랑의 계절이 시작되었기 때문입니

다. 그냥 함께 가자고 한 것이 아닙니다. 이제 충분히 준비되었
다는 뜻입니다.

하나님도 때가 되면 우리를 부르십니다. 하나님이 광야에
묻혀 있던 모세를 어느 날 부르셨습니다. 모세는 40년 동안 묻
혀 지냈습니다. 그런데 이제는 그가 일어나야 할 때가 되었습
니다. 하나님의 뜻에 따라 가야 할 곳이 생겼습니다. 묻혀 있을
때가 있습니다. 시간이 멈춘 것 같은 시절이 있고, 쉬어야 할 때
가 있습니다. 그때는 충분히 쉬면 됩니다. 그러나 계속 쉬게 하
지는 않으십니다. 쉼이 목표가 아니기 때문입니다. 일어나야
할 때가 옵니다. 하나님이 부르시는 것입니다.

처음에는 하나님과의 친밀한 관계를 충분히 누려야 합니
다. 그러나 그것이 끝은 아닙니다. 친밀한 관계로만 끝나면 안
됩니다. 어떤 사람은 "하나님, 지금 이 시간이 너무 좋습니다"
라고 말합니다. 그 사랑의 감정을 느끼는 상태로만 있으면 안
됩니다. 신앙이 이기적으로 흐르기 쉽기 때문입니다. 예수님
의 변화산 사건을 보십시오. 베드로는 황홀한 체험을 하고 "주
여 우리가 여기 있는 것이 좋사오니 우리가 초막 셋을 짓되"(눅
9:33)라고 했습니다. 여기가 좋으니 여기에 오래오래 머물자고
한 것입니다. 그러나 주님은 산 아래로 내려오셨습니다. 산 아
래에서 해야 할 일이 있었기 때문입니다. 예수님이 제자들에게
신비한 체험을 하게 하신 이유는 산 아래의 삶이 기다리고 있
기 때문입니다. 천국의 광경을 살짝 보여 주신 이유는 어려움

속에서도 견뎌 내게 하기 위함입니다. 영적 판타지를 보여 주기 위한 것이 아닙니다.

저도 예전에 기도원을 자주 다니던 때가 있었습니다. 산을 오르는 길이 가팔랐지만, 그 위에 가면 너무 좋았습니다. 밤새 기도하고, 새벽에 해가 떠오르면 장관이 펼쳐집니다. 금식도 하고 철야도 했습니다. 그곳이 천국 같았습니다. 세상으로 내려가고 싶지 않았습니다. 그러나 그곳에만 머물러 있으면 안 됩니다. 하나님은 때가 되면 우리를 부르십니다. 은혜만 계속 받겠다고 앉아 있으면 어떻게 되겠습니까? 어떤 사람은 위로받기를 원합니다. 물론 위로가 필요합니다. 그러나 위로가 목표는 아닙니다. 하나님이 은혜를 주실 때는 이유가 있습니다. 위로와 회복이 끝이 아닙니다. 주님은 위로보다 더 큰 기쁨을 주기 원하십니다. 그래서 주님은 "일어나 함께 가자"고 하십니다.

이 말은 명령이 아니라 권유입니다. 하나님의 부르심은 따뜻합니다. 하나님은 우리를 결코 강제로 끌고 가지 않으십니다. 억지로 헌신하게 하지 않으십니다. 주님은 우리를 그냥 부르시지 않습니다. 정확한 때가 되면 부르십니다. 아무나 부르시지 않습니다. 준비된 자를 부르십니다. 그러니 부르심을 두려워할 필요가 없습니다. 그동안은 "깨우지 말라"고 하던 때가 있었습니다. 그러나 지금은 깰 때입니다. 일어나야 할 때가 있습니다.

"함께 가자"는 말은 나그네 길을 걷는 우리에게 큰 힘이 됩니다. "네가 가라"가 아닙니다. 얼마나 따뜻하고 부드러운 요청입니까? 이 세상은 경쟁 사회입니다. 함께가 없습니다. 각자도생입니다. 수술대도 혼자 들어가야 하고, 죽을 때도 혼자입니다. 오늘날은 AI 시대입니다. 인공지능과 로봇 기술이 세상을 뒤집고 있습니다. 앞으로 무슨 일이 일어날지 모릅니다. 사람들은 점점 더 고립됩니다. 경쟁은 더 치열해집니다. 그러나 걱정하지 마십시오. 주님의 요청이 들립니다. "함께 가자." 모세를 바로에게 보내실 때도 하나님이 함께하셨습니다. 광야의 길에서도 하나님이 함께하셨습니다. 여호수아에게도 "내가 너와 함께하겠다"고 약속하셨습니다. 하나님은 우리만 보내신 적이 없습니다. 하나님과 함께하면 AI와 함께하는 사람보다 낫습니다. 나아가 하나님과 함께하는 사람이 AI를 사용하면 더 놀라운 역사가 일어나지 않겠습니까? 그러니 하나님의 부르심을 받은 사람들은 걱정할 필요가 없습니다.

신앙생활을 한마디로 말하면, 주님과 함께 걷는 일상입니다. 이 일상이 없으면 종교생활이 됩니다. 어떤 절기 때만 종교를 찾는 사람을 종교인이라고 합니다. 구도자는 그렇지 않습니다. 모든 삶의 상황 속에서 주님과 함께 걸어가는 사람입니다. 주일에 한 번 예배드리는 신앙이 아니라, 삶의 모든 영역 속에서 24시간 주님과 동행하는 삶입니다.

주님은 오늘도 우리와 함께 그 길 가기를 원하십니다. 주님은 계속 우리를 부르십니다. 우리가 홀로 걸을 때 사고가 납니다. 우리는 주님과 함께 걷고, 걷는 동안 교제가 깊어지고 친밀해지며, 마침내 목적지에 도달하게 됩니다. 주님의 음성에 응답하고, 주님이 내미신 손을 붙잡는 은혜가 있기를 바랍니다.

하나님이 부르시면 봄이 옵니다

겨울도 지나고 비도 그쳤고 지면에는 꽃이 피고 새가 노래할 때가 이르렀는데 비둘기의 소리가 우리 땅에 들리는구나 아 2:11-12

드디어 결실할 때가 되었습니다. 꽃이 피고 새가 노래한다는 것은 겨울이 지나가고 봄이 왔다는 뜻입니다. 하나님은 계절 속에서 일하시는 분입니다. 봄은 저절로 오는 것이 아니라 하나님이 열어 주시는 것입니다.

봄은 사랑의 계절입니다. 사랑을 하면 봄이 됩니다. 사랑의 감각이 되살아나면 만물이 아름답게 되살아나고 생동감이 넘칩니다. 봄은 시작의 계절입니다. 새로운 일에 대한 기대감을 가지게 합니다. 혹시 지금까지 겨울을 보내고 있었습니까? 하나님이 부르시면 봄이 옵니다. 봄이 오면 그 봄을 맞이하면 됩니다. 인생의 겨울을 떠나보내기를 바랍니다.

우리 삶에 찾아오는 겨울은 춥고 어두운 시간, 힘겨운 시간입니다. 겨울은 사람을 우울하고 무기력하게 만듭니다. 아무도 일어나지 않는 것 같은 시기, 모든 것이 멈춘 시간입니다. 신앙에도 겨울철이 있습니다. 영적 침체기입니다. 교회를 다니긴 하지만 활력이 전혀 없습니다. 하나님의 사랑에 대한 확신도 없습니다. 할 것은 다 하지만 생동감이 없습니다. 꽁꽁 얼어붙은 시간입니다. 이 시간을 버텨 내야 합니다.

그러나 하나님이 그 겨울을 지나게 하시고 생명의 계절인 봄이 오게 하십니다. 포도나무에 꽃이 피어날 때는 추수 때가 다가왔음을 알립니다. 비둘기들의 소리가 들립니다. 결실을 맺을 때가 왔다는 것입니다. 꽃이 피었다는 것은 겨울을 이겨 냈다는 뜻입니다. 그리고 이 결실은 우리가 맺는 것이 아니라 하나님의 신실하심 속에서 맺어집니다.

11절에서 "비가 그쳤다"는 말은 이제 밖으로 나오라는 뜻입니다. 더 이상 숨어 있지 말라는 것입니다. 신앙을 자기 만족의 수단으로만 삼아서는 안 됩니다. 자기 자신에게 매몰되어 있으면 답이 없습니다. 지나친 자기 응시와 자기 함몰은 소모전입니다. 자신의 문제만 붙들려 있다면 평생 거기에서 헤어나올 수 없습니다.

그래서 하나님은 때가 되면 우리를 불러내십니다. 단기선교를 가서 땀을 흘리며 섬기고 돌아오면, 내 문제가 사라지는 것을 경험하기도 합니다. 나 중심에서 이웃 중심으로, 생존 중심에서 사명 중심으로 전환시키시는 것입니다. 그때 하나님은 새 힘을 주십니다. 감당할 능력이 일어납니다.

겨울이 지났다는 말 속에는 내가 단단해졌다는 의미도 있습니다. 혹독한 시간을 지나는 동안 강해지고, 어두운 터널을 통과하는 동안 깊어지고, 폭풍우를 지나는 동안 준비가 됩니다. 이제 열매를 맺을 계절이 왔습니다. 겨울은 지나갔습니다.

엄밀히 말하면 하나님이 함께하시는 시간에는 겨울이 없습니다. 시련이 없다는 뜻이 아닙니다. 하나님의 부재처럼 여겨졌던 시간 동안 떨리고 힘들었지만, 이제는 새로운 단계로 나아왔다는 뜻입니다. 이 단계에서는 영적인 안정감을 누리게 됩니다. 하나님과의 관계가 견고해집니다. 쉽게 감정적으로 치우치거나 무너지지 않습니다. 하나님의 친밀함 안에서 안정감이 우리를 단단히 붙들어 주기 때문입니다. 이제 일어나야 합니다. 약속하신 땅을 향해 가야 합니다. 더 이상 지체할 이유가 없습니다. 하나님이 풍성한 삶을 준비해 놓고 계시기 때문입니다.

영적 성장에는 단계가 있습니다. 은혜를 많이 받는 성장기가 있습니다. 말씀으로 양육을 받고 사랑도 많이 받습니다. 하나님은 무한하게 사랑을 부어 주십니다. 마치 엄마의 품 안에서 젖병을 물고 있는 것과 같습니다. 은혜가 무한 제공되는 시기입니다. 그러나 젖을 떼야 할 때가 옵니다. 젖병이 입에서 떨어지는 순간이 옵니다. 그때 부족과 단절을 느끼며, 한계와 절망을 경험하기도 합니다. '엄마가 나를 버리나?' 하는 생각도 듭니다. 그러나 그 단계를 지나야 성장합니다. 젖병을 떼고 난 다음에는 스스로 밥을 씹어서 먹어야 합니다. 그러다가 혼자

숟가락질도 하게 됩니다. 계속해서 다음 단계로 나아갑니다.

우리는 하나님의 사랑을 받는 자들입니다. 그러나 그 단계에 머물러 있어서는 안 됩니다. 어느 순간 주님이 우리에게 물으십니다.

"네가 나를 사랑하느냐?"

> 그들이 조반 먹은 후에 예수께서 시몬 베드로에게 이르시되 요한의 아들 시몬아 네가 이 사람들보다 나를 더 사랑하느냐 하시니 이르되 주님 그러하나이다 내가 주님을 사랑하는 줄 주님께서 아시나이다 이르시되 내 어린 양을 먹이라 하시고 요 21:15

디베랴 바닷가에 찾아오신 주님이 베드로에게 "내 양을 먹이라"고 말씀하십니다. 이 말은 너만 바라보던 세계에서 이제 그만 나오라는 것입니다. 사랑받는 존재로만 머물러 있지 말고, 사랑하는 존재로 바뀌라는 것입니다. 이렇게 주님은 우리의 인생에 전환점을 허락하십니다. 이것은 곧 기회입니다. 겨울이 지나면 봄이 오는 시기, 새롭게 시작하는 이때 우리의 제2의 인생이 펼쳐집니다. 꽃을 피우고 열매를 맺게 하십니다.

베드로도 그랬습니다. 처음 부르심을 받고 주님과 동행하며 감동적인 순간들을 지냈지만, 십자가 직전에 영혼의 밤을 지나 예수를 부인했습니다. 절망과 고통 속에서 혹독한 겨울을 통과했습니다. 그러나 다시 다가오신 주님을 만납니다. 그리고 주님이 "일어나서 함께 가자"고 그를 다시 일으켜 세우십니다.

베드로는 사도행전 초반에 다시 등장합니다. 성령이 그 위에 부어졌습니다. 그를 통해 교회가 일어납니다. 하루에 삼천 명이 회개하고 돌아옵니다. 엄청난 열매가 맺힙니다. 영성훈련이란 바로 일상의 영성을 위해 필요합니다. 주님과 함께 걷는 것이 훈련입니다. 물론 이 훈련에서 실패할 수도 있습니다. 그때마다 다시 원점으로 돌아가 다시 시작해야 합니다.

그리스도인의 삶에는 다양한 단계들이 있습니다. 우리의 삶에 일어나는 어떤 것이든 우리에게 유익한 것입니다. 하나님의 사람으로 되어져 가는 과정에서 일어나는 것입니다. 어떤 성도는 오랫동안 신앙생활 하며 교회에서 많은 일을 했지만 어느 순간 멈춘 채 겨울을 지냅니다. 또 어떤 성도는 봄의 아침을 맞이합니다. 꽃이 피고 비둘기가 날아듭니다. 지금 나는 어디쯤 있습니까? 주님은 우리를 다시 일으켜 세우기를 원하십니다. 부드러운 음성으로 우리를 향해 오늘 아침에도 "일어나서 함께 가자"라고 부르십니다. 그 부르심에 반응하는 은혜가 있기를 바랍니다.

혼자 가는 것이 아닙니다. 함께 가는 것입니다. 주님과 함께라면 언제든 어디라도 갈 수 있습니다. 다리에 힘을 주고 일어나십시오. 이제 모든 것이 새롭게 시작될 때입니다.

chapter 7

작은 여우를 조심하라 ✱

14 바위 틈 낭떠러지 은밀한 곳에 있는 나의 비둘기야 내가 네 얼굴을 보게 하라 네 소리를 듣게 하라 네 소리는 부드럽고 네 얼굴은 아름답구나

15 우리를 위하여 여우 곧 포도원을 허는 작은 여우를 잡으라 우리의 포도원에 꽃이 피었음이라

16 내 사랑하는 자는 내게 속하였고 나는 그에게 속하였도다 그가 백합화 가운데에서 양 떼를 먹이는구나

17 내 사랑하는 자야 날이 저물고 그림자가 사라지기 전에 돌아와서 베데르 산의 노루와 어린 사슴 같을지라

사랑하면 보고 싶습니다

바위 틈 낭떠러지 은밀한 곳에 있는 나의 비둘기야 내가 네 얼굴을 보게 하라 네 소리를 듣게 하라 네 소리는 부드럽고 네 얼굴은 아름답구나 아 2:14

사랑하면 보고 싶습니다. 보이지 않으면 찾게 되어 있습니다. 그런데 지금 술람미 여인은 은밀한 곳에 있습니다. 솔로몬은 "네 얼굴을 보게 하라" "네 소리를 듣게 하라"고 합니다. 사랑하면 그 사람의 얼굴이 보고 싶고, 목소리가 듣고 싶습니다. 교제하기를 원하는 것입니다. 그러나 아직 서로가 닿지 못한 상

태에 있습니다.

술람미 여인은 "바위 틈 낭떠러지 은밀한 곳"에 있습니다. 접근하기 쉽지 않은 곳입니다. 왜 그곳에 있는지는 알 수 없습니다. 숨바꼭질을 하는 것인지, 수줍어서 숨어 있는 것인지, 요즘 표현으로 말하면 '밀당'을 하는 것인지, 아무튼 자신을 숨기고 있습니다. 그런데 솔로몬은 그런 그를 향해 "나의 비둘기"라고 부릅니다. 비둘기는 예민한 새이고, 바위 틈이나 절벽에 숨어 있으면 가까이 가기가 어렵습니다. 어쩐지 지금까지 지켜본 술람미 여인은 그리 호락호락한 상대는 아닌 것 같습니다. 생각이 많고 종종 자기 안에 갇혀 있는 모습도 엿보입니다. 현재의 상태에 만족하며 머물러 있으려 하고, 자기 노출을 꺼리는 모습도 있습니다. 그런데 솔로몬은 그런 그를 가만 두지 않습니다. 찾고 또 찾습니다.

주님도 우리를 그렇게 찾으십니다. 은밀한 곳, 자기만의 세계 안에서 나오라고 부르십니다. 왜냐하면 주님이 그것을 즐거워하시기 때문입니다. 우리가 홀로 외롭게 있는 것보다 탁 트인 곳으로 나와 하나님께 기도하고 찬양하고 말씀을 듣는 것 자체를 주님이 기뻐하십니다. 혼자 골방에서 은혜를 사모하는 것도 좋지만, 공동체로 나와 함께 하나님을 향해 얼굴을 드는 것을 주님이 원하십니다.

요즘은 핸드폰이 있어서 언제 어디서든 음성통화, 영상통화가 가능합니다. 해외에 있어도 문제없습니다. 행여 자녀를 멀리 보낸 부모는 수시로 자녀에게 연락합니다. 핸드폰 너머로 나마 음성을 듣고 얼굴을 보면 그것만으로도 기쁩니다. 그 이유는 사랑해서입니다. 사랑하지 않으면 전화가 와도 부담스럽고, 보고 싶은 마음이 들지 않습니다.

우리와 주님의 관계도 그렇습니다. 우리는 주의 얼굴을 보기 원하고, 그분의 음성을 듣기 원합니다. 주님의 음성은 아무리 들어도 지루하지 않습니다. 듣고 또 듣습니다. 예배를 계속 드리면서도 즐거워하는 이유입니다. 기도 시간도 마찬가지입니다. 기도 시간에 말을 많이 하든 하지 않든 상관 없습니다. 잠잠히 그분의 얼굴을 구하며 그 앞에 앉아 있는 것 자체가 중요합니다. 어떤 때는 내가 말하고, 어떤 때는 주님이 말씀하시도록 기다립니다. 기도하지 않아도 새벽에 교회에 나와 앉아 있는 그 자체가 하나님의 기쁨이 될 때가 있습니다. 주님은 "숨어 있지 말고 드러내라. 너의 얼굴을 보여라. 너의 목소리를 나타내라"고 하십니다.

"나의 비둘기"는 아가서에서 처음 나오는 칭호입니다. 우리는 강한 독수리로 비유되기보다 사랑받는 비둘기로 불립니다. 비둘기는 연약함, 순결함, 의존성, 평화 등을 상징합니다. 비둘기는 정결함과 신실함을 상징하기도 합니다. 한 상대와만 짝을 이루고, 한쪽이 죽으면 남은 한쪽도 애도하며 다시 짝짓기를 하지 않는다고 합니다. 그리스도의 신부인 우리는 오직 한 분께 헌신합니다. 주님을 대신할 사랑의 대상이 없습니다.

또 비둘기는 온유합니다. 고요하고 부드럽습니다. 신자의 삶도 기본적으로 온유와 겸손의 성품을 닮아 가야 합니다. 표독스럽고 폭력적인 모습은 그리스도의 모습이 아닙니다. 우리는 이겨서 이기는 사람이 아니라, 져서 이기는 사람이 됩니다. 십자가가 그렇습니다. 약함을 통해 능력이 드러납니다.

비둘기는 의존적입니다. 맹금류로부터 스스로를 방어할 능력이 없습니다. 우리도 연약합니다. 그러나 연약해도 괜찮습니다. 바울은 약함을 자랑했습니다. 주님의 도움 없이는 살 수 없는 존재이기 때문입니다. 약함은 결함이 아니라 하나님의 능력이 드러나는 통로입니다. 우리는 하나님의 보호를 받아야 살아갈 수 있는 존재입니다.

주님은 "네 얼굴은 아름답구나"라고 말씀하십니다. 그리스도인은 사랑받는 존재입니다. 복음을 만나면 자존감이 회복됩니다.

농사를 망치는 작은 여우를 조심하십시오

우리를 위하여 여우 곧 포도원을 허는 작은 여우를 잡으라 우리의 포도원에 꽃이 피었음이라 아 2:15

초청에 이어 권면이 나옵니다. "포도원을 허는 작은 여우를 잡으라"고 합니다. 지금은 꽃이 피는 시기입니다. 꽃이 지고 나면 연한 가지에 작은 포도들이 맺힐 것입니다. 그런데 작은 여우가 침범하여 가지를 꺾어 버리면 농사를 망칩니다. 지금껏 나눈 사랑이 작은 여우 한 마리 때문에 다 망가질 수 있습니다.

포도원에서 가장 중요한 것은 열매입니다. 하나님도 우리 삶에 풍성한 열매를 기대하십니다(요 15:1-10). 그런데 그것을 가로막는 방해꾼이 생깁니다. 작은 여우입니다. 작은 여우는 눈에 잘 띄지 않습니다. 사소해 보이고, 은밀하게 찾아옵니다. 노골적으로 공격하면 막아낼 수 있습니다. 그러나 작은 여우는 눈에 띄지 않는 데다 빠르고 교활해서 놓치기 쉽습니다. 주로 밤에 활동하니 잡기가 어렵습니다. 그러나 방치하면 포도원을 황폐하게 만들고, 결국 열매를 맺지 못하게 합니다.

이 작은 여우는 무엇을 의미하겠습니까? 은밀하게 숨은 죄, 미세한 죄, 일상에서 반복되는 죄일 수 있습니다. 큰 죄는 드러나면 회개하고 돌이키면 되지만, 나도 모르게 반복되는 작은 죄는 쉽게 방치됩니다. 미세한 자기애, 자기연민, 작은 허용, 작은 습관, 작은 타협이 그렇습니다. 우리의 신앙생활에서 주님과의 교제를 파괴하는 것들은 대개 작고 사소한 형태로 들어옵니다.

부부 관계도 하루아침에 멀어지지 않습니다. 사소한 것이 끼어들고, 그 틈이 점점 벌어집니다. 교회 공동체도 마찬가지입니다. 사소한 것이 공동체를 흔들어 놓을 수 있습니다. 예배도 그렇습니다. 지각을 한 번 하는 것과 날마다 하는 것은 다릅니다. 어느 순간부터 영적 삶의 기쁨을 잃어버리기도 합니다. 죄를 짓고도 회개하지 않는 생활, 순종을 미루는 습관, 교만한 마음을 그대로 두는 것들이 그렇습니다.

교만은 남의 것은 잘 보게 하지만, 내 것은 못 보게 합니다. 내면의 경쟁심과 질투심, 남을 판단하는 마음, 우울과 우월의 식, 다른 사람을 은근히 무시하는 태도, 입에서 비판적인 말이 자꾸 나오는 것, 분노와 짜증, 용서하지 못하는 마음, 거짓말, 미움, 이 모든 것이 작은 여우가 될 수 있습니다. 작은 여우가 파고들면 관계를 깨뜨립니다.

작은 죄는 없습니다. 작아 보여도 파괴력이 큽니다. 말 한마디가 관계를 깨뜨리고, 천국 같은 자리를 지옥으로 만들 수도 있습니다. 생각을 잘못 다루면 영혼을 초토화시킬 수 있습니다. 시간, 돈, 말, 생활 습관 어느 영역이든 작은 여우가 파고들 수 있습니다.

예를 들어, 청년들이 틱톡이나 쇼츠 같은 것들을 가볍게 여기면 어떻습니까? 짧은 영상이니까 '작은 시간'처럼 보이지만, 한밤을 꼬박 새우고 삶이 황폐해집니다. 작은 여우는 핸드폰을 통해서도 침입합니다. 무엇을 보고 무엇을 선택하는지, 주의 깊게 살펴야 합니다.

또 충동적인 것을 조심해야 합니다. 그리스도인은 충동적으로 살면 안 됩니다. 그 충동이 성령께서 주시는 충동인지, 내 안의 욕망을 마귀가 부추기는 충동인지 분별해야 합니다. 영적으로 준비되지 않은 상태에서 일어나는 충동은 죄로 갈 가능성이 큽니다. 기도하고 또 기도해야 합니다.

작은 여우 한 마리쯤이 아닙니다. 특별히 내 안의 욕망을 잘 다스려야 합니다. 작은 욕망이 나를 지배합니다. 저도 매일 새벽에 나와 기도할 때 싸우는 것이 욕망입니다. 매일 생기니 매일 처리해야 합니다. 분리수거하듯, 매일 쓰레기를 버리듯, 우리 안의 욕망을 매일 하나님 앞에 내어놓고 처분해야 합니다. 드러나지 않으면 암처럼 자라서 삶을 파괴합니다.

작은 여우의 핵심은 '안 보인다'는 것입니다. 은밀하고 교묘하고 빠릅니다. 내 영혼을 갉아먹는데 내가 못 보고 있을 수 있습니다. 존 오웬은 "죄를 죽여라. 그렇지 않으면 죄가 너를 죽일 것이다"라고 말했습니다. 죄를 죽여야 합니다.

작은 여우는 공동체 안에서 특별히 관계를 깨뜨립니다. 요즘은 핸드폰을 타고 밤에도 돌아다닙니다. 카톡과 문자로 분열을 만들고 틈을 냅니다. 말을 조심해야 합니다. 작은 혀가 불씨가 되어 온 집을 태울 수 있습니다. 포도원을 위해 수고하고 땀을 흘렸는데 결실이 없다면 얼마나 허무하겠습니까?

그러면 어떻게 해야 합니까? 자신의 영혼을 잘 가꾸어야 합니다. 마음에 정원이 있다고 생각해야 합니다. 정원은 가꾸지 않으면 금방 잡초가 자랍니다. 제초제를 뿌려도 다시 납니다. 조금만 방치해도 금방 퍼집니다. 그러므로 마음을 계속 들여다보고, 잡초를 뽑고, 묵은 땅을 기경해야 합니다. 교회를 오래 다

넜다고 생각할수록 마음이 굳어 있을 수 있습니다. 기경하지 않으면 씨를 뿌려도 말씀이 들어가지 않습니다. 길가 밭이나 돌짝밭이 되기 쉽습니다. 그러면 독초와 가라지가 무성해집니다. 작은 여우가 침입하면 그렇게 됩니다.

작은 여우는 초기에 발견하고 처리해야 합니다. 그런데 우리는 언제 방치합니까? 삶이 분주할 때입니다. 분주하면 위험합니다. 마음의 밭은 황폐해지고, 무엇이 문제인지 간파하지 못합니다. 묵상은 시간 싸움입니다. 말씀 앞에 잠잠히 앉아 있어야 합니다. 기도는 상거래가 아니라, 그분의 임재 앞에 앉아 있는 것입니다.

분주함 안에는 욕망이 있습니다. 그러니 마음의 밭이 황폐해지고, 풍성한 수확을 경험하지 못합니다. 그러므로 "숨어 있는 작은 여우를 잡으라"는 말씀은, 내 안의 작은 여우가 무엇인지 알아차리는 것에서 시작합니다. 따져 보면 열 가지, 스무 가지, 서른 가지가 나올 수 있습니다. 다 잡아야 합니다.

주님께 속할 때 참 자유를 누립니다

내 사랑하는 자는 내게 속하였고 나는 그에게 속하였도다 그가 백합화 가운데에서 양 떼를 먹이는구나 아 2:16

서로가 서로에게 '속하였다'는 말은, '소유했다'는 뜻처럼 들릴 수 있습니다. 그러나 '소유'라는 말을 욕망의 대상으로 오해해서는 안 됩니다. 그렇게 되면 소유는 집착으로 바뀌고, 집착은 자아 중심적 관계가 됩니다. 그 관계는 결국 깨지게 되어 있습니다. 그러므로 늘 물어야 합니다. 그리스도 중심적 관계입니까, 자아 중심적 관계입니까?

요즘 관계 중독이 많습니다. "너 나하고 안 사귀면 나 죽을 거야" 같은 말, 데이트 폭력, 상대를 통제하려는 시도, 지나친 의존, 실시간 모니터링과 감시는 건강한 관계가 아닙니다. 잠시라도 헤어지면 견디지 못하는 금단 현상과 비슷합니다. 이런 관계는 불행할 수밖에 없습니다.

건강한 관계는 결코 일방적이지 않습니다. 서로를 소유한다는 것은, 두 사람이 함께 향유하는 관계라는 뜻입니다. 좀 더 정확히 말하면, 서로를 향해 기꺼이 '속해 있는' 관계입니다. 그 관계 안에는 두려움이 없어야 합니다. 평온함이 있어야 하고, 서로가 서로를 보호하고 있다는 느낌이 있어야 합니다. 억압이 없고, 강요된 헌신이 없어야 합니다.

이단 조직에는 두려움과 집단적 통제가 있습니다. 일사불란한 집단화, 질문하지 못하게 하는 분위기, 개인이 파묻히는 구조가 있습니다. 그러나 교회는 한 사람 한 사람의 영혼에 관심을 가져야 합니다. 거대한 조직을 움직이기 위해 사람들을 동원하는 방식은 위험합니다. 권유할 수는 있지만 강요하면 위험합니다.

하나님도 우리에게 헌신을 강요하지 않으십니다. 성경을 보면 하나님은 기다리시는 분입니다. 이스라엘이 왕을 원할 때도, 탕자가 유산을 요구할 때도, 강제로 막지 않고 기다리십니다. 인격적인 분입니다.

부부 관계는 수평적 관계입니다. 연애하는 젊은이들도 마찬가지입니다. 일방적으로 끌고 가려는 경향, 지나친 의존, 지나친 자기중심성은 모두 조심해야 합니다. 자존감이 낮을수록 분노가 잦아지기도 합니다. 참된 사랑은 상호적인 결합이며, 일방적인 헌신이 아닙니다.

> 이제부터는 너희를 종이라 하지 아니하리니… 너희를 친구라 하였노니… 요 15:15

하나님이 우리와 친구가 되겠다 하십니다. 놀라운 말씀입니다. 로마서 8장에서도 기록하듯이, 우리는 종의 영이 아니라 양자의 영을 받았습니다. 이제 하나님과 우리는 주종 관계가 아닙니다. 신앙생활의 끝에는 자유가 있습니다. "진리를 알지니 진리가 너희를 자유롭게 하리라"(요 8:32)는 말씀처럼, 주님이 우리를 자유롭게 하십니다. 그런데 자꾸 속박을 당하고, 얽매이고, 부담이 커지고, 기쁨이 사라진다면 위험 신호입니다. 소진되고 있을 수 있습니다. 원인을 찾아야 합니다.

어떤 사람은 하나님을 너무 두려워하기만 합니다. 하나님을 부담스럽게 여깁니다. 섬기기는 하지만 자발적이지 않고, 타의에 의해 끌려다닙니다. 그러나 바울은 그리스도의 종이 되기를 기뻐했고, 사랑의 종이 되었습니다. 또 어떤 사람은 "나는 하나님만 기쁘시게 하겠다"고 말합니다. 좋아 보이지만 위험할 수 있습니다. 물론 하나님을 기쁘시게 해야 합니다. 그러나 하나님은 "나는 네가 기뻐하는 삶을 살면 좋겠다"고 말씀하십니다. 우리가 하나님으로 기뻐할 때 하나님도 기뻐하십니다.

… 내 기쁨이 너희 안에 있어 너희 기쁨을 충만하게 하려 함이라
요 15:11b

주께서 내 마음에 두신 기쁨은 그들의 곡식과 새 포도주가 풍성할 때보다 더하니이다 시 4:7

기독교는 어둡지 않습니다. 우울한 종교가 아닙니다. 우리는 십자가를 지고 가도, 고난 속에서도 즐거워할 수 있는 사람들입니다. 달란트 비유에서 주인이 주는 최고의 상은 "네 주인의 즐거움에 참여할지어다"(마 25:21) 입니다. 주님의 기쁨에 동참하는 것입니다. 아가서의 사랑도 밝고 향기롭습니다. 하나님은 기쁨이 충만하신 분이고, 우리가 하나님으로 인해 기쁨을 누릴 때 하나님은 영광을 받으십니다.

"그가 나에게 속했고 내가 그분에게 속해 있다"는 고백은, 정체성과 소속감의 고백입니다. 하나님과 나의 관계 설정이 분

명해야 합니다. 하나님은 "너는 내 것이다"라고 말씀하시며, 우리를 놓지 않으십니다. 그 붙잡힘이 우리의 안정감이고 참된 안식입니다.

"그가 백합화 가운데에서 양 떼를 먹이는구나"(16절)라는 말은, 그리스도께서 성도와 교회를 돌보신다는 뜻이기도 합니다. 포도원을 망치는 여우가 있지만, 그럼에도 포도원을 돌보시는 목자가 계십니다. 우리는 주님의 양 떼들이며, 우리를 최종적으로 책임지시는 분은 주님이십니다. 주님은 먹이시고 돌보시고 자라게 하시고 영혼을 만족하게 하십니다. 우리는 그 목자를 따라가면 됩니다.

신부가 신랑을 기다리듯 주님을 기다립니다

내 사랑하는 자야 날이 저물고 그림자가 사라지기 전에 돌아와서 베데르 산의 노루와 어린 사슴 같을지라 아 2:17

이 고백에는 기다림이 있습니다. 마치 귀가가 늦어지는 자녀를 기다리는 부모의 마음, 결혼식을 앞두고 기다리는 젊은 남녀의 기다림과 같습니다. 기쁨으로 서로를 바라볼 날을 손꼽아 기다립니다. 그래서 사랑은 기다림입니다. 조급하면 안 됩니다. 사랑은 때를 기다릴 줄 알아야 합니다.

"베데르 산"에서 '베데르'는 분리됨과 나뉨을 의미합니다.

언약을 체결할 때 짐승을 쪼개는 희생 제사에도 사용하는 말입니다. 지금 술람미 여인은 자신과 사랑하는 이 사이에 갈라놓은 산을 넘어 돌아와 줄 것을 기대하고 있습니다. 기쁨의 재회를 바라보는 기다림입니다.

오늘날 그리스도인의 신앙은 '기다림의 영성'입니다. 우리는 종말의 때를 살고 있기 때문에 신랑이신 그리스도를 기다리는 신부입니다. 지금은 인내의 시간입니다. 기독교의 시간관은 창조에서 종말까지 직선으로 나아갑니다. 우리는 '이미 임한 하나님 나라'와 '아직 임하지 않은 하나님 나라' 사이에서 기다립니다.

가장 좋은 것은 아직 오지 않았습니다. 우리에게 가장 좋은 것은 미래에 주어지기 때문에, 우리는 그날을 기다리는 사람들입니다. 주님과의 관계가 중요한 이유는, 그 언약을 지켜 가며 그날을 준비하기 때문입니다. 신부가 신랑을 기다리며 마음을 지키는 것처럼, 우리는 그날을 바라보며 삶을 정돈해 갑니다.

방향 감각도 중요하지만, 시간 감각도 중요합니다. 마치 영적으로 치매에 걸린 것처럼, 시간 개념이 흐려지고 종말에 대한 인식도 사라집니다. '지금이 어떠한 때인가?'라는 질감을 회복해야 합니다. 그러면 삶의 탄력성이 회복되고, 대충 살지 않게 됩니다. 성경은 예수님의 다시 오심을, 신부를 데리러 오는 신랑의 모습으로 비유합니다. 주님은 신랑을 기다리는 신부처럼 등불과 기름을 준비하고 깨어 기다려야 한다고 말씀하십니다.

기다리는 신부는 순결해야 합니다. 결혼식 날짜가 정해졌다면, 몸과 마음을 그날을 위해 준비해야 합니다. 다른 유혹에 흔들려서는 안 되고, 신랑보다 더 친밀한 관계를 다른 곳에서 만들면 안 됩니다. 다른 곳에서 즐거움을 찾지도 말아야 합니다.

지금은 주님을 기다리는 때입니다. 종말의 때이며, 잠에서 깨어야 할 시간입니다. 주님 오실 날은 가까이 왔고, 우리는 낮과 같이 단정히 행해야 합니다. 그러나 우리가 살아가는 시대는 방탕하고, 취해 있으며, 음란과 호색이 가득합니다. 도덕적 기준은 무너졌고, 영적 혼탁함이 깊어졌습니다. 사람들은 기준 없이 끌리는 대로 살아갑니다.

그러나 우리는 다르게 살아야 합니다. 우리는 깨어 준비하며 살아야 합니다. 이것이 구별됨이며, 이를 위해 분별력이 필요합니다. 우리는 세상과 다른 목적지를 향해 가는 사람들입니다. 그러므로 삶의 방식 또한 달라야 합니다.

준비된 신부는 두려움이 아니라 기대감으로 가득합니다. 신랑을 기다리는 신부는 더 깊고 친밀한 관계가 영원히 지속될 것을 소망하며, 영광의 날을 고대합니다.

> 우리가 다 수건을 벗은 얼굴로 거울을 보는 것 같이 주의 영광을 보매 그와 같은 형상으로 변화하여 영광에서 영광에 이르니 곧 주의 영으로 말미암음이니라 고후 3:18

우리는 이 소망을 붙듭니다. 사랑은 기다림 속에서 더 깊어지며, 아직은 주님의 임재보다 부재를 더 크게 느낄 때도 있습니다. 우리 안에는 여전히 어둠이 남아 있지만, 언젠가는 영원한 빛 가운데 거하게 될 것입니다. 무엇보다도, 더 친밀한 관계 안으로 나아가지 못하도록 방해하는 작은 여우들을 점검해야 합니다. 말씀을 통해 삶에 숨어 있는 것들을 끄집어내어 씨름하고 몰아내야 합니다.

그리스도 안에서 마음껏 먹고 마시고 즐거워하며, 주님 때문에 즐거워야 합니다. "나는 주님의 소유, 주님은 나의 소유십니다"라는 고백 위에, 주님의 부르심에 반응해야 합니다. 그리스도보다 우리에게 더 큰 기쁨을 주실 수 있는 분은 없다는 사실을 믿고, 그분의 사랑을 충분히 누려야 합니다. 주님께 더 적극적으로 나가야 합니다. 주님과의 관계 속에서 풍성한 기쁨과 은혜를 마음껏 누리고, 그 복을 흘려보내는 축복의 통로가 되기를 축복합니다.

part 3.

연합하는 사랑

연합하는 사랑

chapter 8.

왕을 찾아 나서다 ✽

1 내가 밤에 침상에서 마음으로 사랑하는 자를 찾았노라 찾아도 찾아내지 못하였노라

2 이에 내가 일어나서 성 안을 돌아다니며 마음에 사랑하는 자를 거리에서나 큰 길에서나 찾으리라 하고 찾으나 만나지 못하였노라

3 성 안을 순찰하는 자들을 만나서 묻기를 내 마음으로 사랑하는 자를 너희가 보았느냐 하고

4 그들을 지나치자마자 마음에 사랑하는 자를 만나서 그를 붙잡고 내 어머니 집으로, 나를 잉태한 이의 방으로 가기까지 놓지 아니하였노라

5 예루살렘 딸들아 내가 노루와 들사슴을 두고 너희에게 부탁한다 사랑하는 자가 원하기 전에는 흔들지 말고 깨우지 말지니라

부재의 밤을 지냅니다

사랑은 위기를 만납니다. 위기를 넘어야 합니다. 사랑의 위기는 유익합니다. 위기를 지나면서 사랑은 더 깊어지는 단계로 나아갑니다. 그러나 많은 사람은 위기에서 멈추어 섭니다. 사랑의 상처들로 얼룩진 채 살아가는 경우도 너무 많습니다. 그렇다면 우리는 사랑의 위기를 넘어 얼마나 깊어질 수 있겠습니까?

아가서 2장 후반부에서는 사랑하는 이가 술람미 여인에게로 급히 달려오는 모습을 보았습니다. 그런데 이제 역할이 바

꿉니다. 이제는 여인이 사랑하는 이를 찾아 나섭니다. 갑자기 사랑하는 사람이 사라졌기 때문입니다.

술람미 여인은 가만히 있지 못합니다. 아마도 꿈속에서 사랑하는 이를 찾으며 헤맸을 것입니다. 여기서 "밤"은 '복수'로 이해할 수 있습니다. 곧 '밤마다' 내 침상에서 여러 밤 동안 겪은 일이라는 뜻입니다. 그의 꿈은 악몽에 가까웠습니다. 본문은 꿈이라고 명시하지 않지만, '침상'에서 일어난 일로 묘사하는 만큼 꿈이라고 유추해 볼 수 있습니다.

꿈은 무엇인가를 암시할 때가 많습니다. 끔찍한 것은, 그토록 사랑하는 이가 갑자기 사라져 버렸다는 사실입니다. 위기 중의 위기입니다. 6절부터는 결혼의 장면이 이어집니다. 지금은 결혼식을 앞두고 이런 일이 일어난 것입니다. 그래서 더 불길하게 느껴집니다. 술람미 여인은 그를 찾기 위해 헤매고 다녔습니다. 아무리 찾아도 그는 보이지 않습니다. 찾고 또 찾다가, 결국 찾지 못해 주저앉아 울고 잠이 깬 것처럼 보입니다. 갑자기 두려움이 밀려옵니다. 현실처럼 느껴집니다. 그리고 술람미 여인은 그 일을 꿈으로만 끝내지 않습니다.

이에 내가 일어나서 성 안을 돌아다니며 마음에 사랑하는 자를 거리에서나 큰 길에서나 찾으리라 하고 찾으나 만나지 못하였노라 아 3:2

술람미 여인은 일어나 성을 돌아다니며 왕을 찾습니다. 그런데 찾지 못합니다. 1절과 2절에서 '찾는다'는 표현이 반복됩니다. 1절부터 4절까지 '사랑하는 자'가 네 번이나 등장합니다. 술람미 여인은 침상에 누워 있어도 그를 잊을 수 없습니다. 온통 사랑하는 이에 대한 생각으로 가득 차 있습니다. 잠 못 이루는 밤입니다.

갈망이 사랑을 움직이게 합니다

사랑하는 이의 부재는 갈망을 일으킵니다. 갈망이 중요합니다. 갈망이 사랑의 시작입니다. 갈망이 깊어지면 가만히 있을 수 없습니다. 적극적으로 찾아야 합니다. 술람미 여인이 밤중에 왕을 찾아다녔다는 사실은 그의 강렬한 열망을 보여 줍니다. 사랑의 에너지는 엄청납니다.

성 안을 순찰하는 자들을 만나서 묻기를 내 마음으로 사랑하는 자를 너희가 보았느냐 하고 아 3:3

사랑은 움직이게 합니다. 사랑은 수동태가 아닙니다. 진짜 사랑한다면 침상에 누워 있을 수 없습니다. 그것은 너무 고통스러운 일입니다.

　숥람미 여인이 사랑하는 자를 '찾았다'는 표현에는 격렬한 몸부림의 흔적이 담겨 있습니다. 모든 것이 끝난 것 같은 느낌입니다. 게다가 여인이 밤중에 성을 돌아다니는 것은 위험한 일입니다. 밤에 순찰하는 사람들에게 물어보기까지 합니다. 파수꾼의 입장에서 상상해 보십시오. '미친 사람인가?' 싶을 수도 있습니다. 그러나 그는 사람들의 시선을 상관하지 않습니다.

　고대 사회의 풍습에서 여자가 남자를 찾아 나서는 일은 보기 어려운 광경입니다. 아무리 사랑해도 감정을 억눌러야 했습니다. 사회적 법과 관습을 넘는 것은 상당한 모험입니다. 그럼에도 숥람미 여인이 밤중에 사랑하는 이를 찾아다닌 것은 무엇을 말해 줍니까? 그만큼 사랑이 강렬했다는 뜻입니다. 그 무엇으로도 억누를 수 없었습니다.

　사랑하는 이의 부재는 빈자리가 큽니다. 신앙생활에서도 종종 경험하는 것입니다. 부재의 순간은 고통스럽습니다. 그러나 이것은 무신론자들이 말하는 '신의 부재'와는 다릅니다. 무신론자들에게 신의 부재는 공허함이 밀려오는 경험일 수 있습니다. 그러나 신자에게 하나님의 부재는 심한 고통으로 다가옵니다. 이유는 사랑의 관계이기 때문입니다. 우리는 하나님께 묻습니다. "하나님은 어디 계십니까? 나를 사랑하신다면서 왜 저는 느끼지 못합니까?" 특히 인생의 어두운 시간을 보낼 때, 이 질문은 더 깊어집니다.

욥기에서 이 질문을 발견합니다. 욥의 고통 속에서 하나님은 당장 나타나지 않으십니다. 고통스러운 현실보다, 하나님의 부재에서 오는 고통이 더 크게 느껴질 때가 있습니다. "도대체 하나님, 당신은 어디 계십니까?" 이 위기를 통과해야 합니다.

하나님이 이런 시간을 허락하시는 이유에 대해 C. S. 루이스는 《시편사색》에서 이렇게 말합니다. "하나님은 자주 우리에게서 자신을 숨기심으로써 우리가 그분이 주시는 선물이 아니라 그분 자신을 찾게 하신다." 사랑은 위기를 통과하면서 새로운 단계로 나아갑니다. 더 깊은 세계로 이끌어 주기 위한 부재입니다. 사랑하는 이가 준 선물이 아니라, 사랑하는 이 그 자체를 찾는 것이 새로운 단계입니다.

우리는 하나님보다 하나님이 주신 것을 우상화하기도 합니다. 심지어 하나님마저도 우상화할 때가 있습니다. 그러나 우리는 순수하게 하나님을 만나야 합니다. 하나님이 안 계신 것이 아닙니다. '안 계신 것 같은 감정'에 휘둘리고 있을 뿐입니다. 이것은 존재의 상실이 아니라 감각의 상실입니다. 잃어버린 것은 하나님이 아니라, 하나님을 느끼는 방식일 수 있습니다. 사랑의 부재는 새로운 단계로 나아가는 과정입니다. '느껴져야 믿는 단계'에서 '느껴지지 않아도 사랑하는 단계'로 나아갑니다.

주님을 얼마나 갈망합니까? 우리가 주님을 갈망하면 가만히 있을 수 없습니다. 밤이든 새벽이든 주님을 찾고자 방을 뛰

쳐나옵니다. 철야 기도회에 왜 나옵니까? 왜 새벽예배를 찾아
갑니까?

> 구하라 그리하면 너희에게 주실 것이요 찾으라 그리하면 찾아낼 것
> 이요 문을 두드리라 그리하면 너희에게 열릴 것이니 마 7:7

사랑은 구하고, 찾고, 두드립니다. 아가서는 사랑의 속성을
잘 알려 줍니다. 술람미 여인도 자기 침상을 걷어차고 나옵니
다. 일어나 거리로 나가야 합니다. 사랑은 찾는 것입니다. 사랑
은 결코 소극적이지 않습니다. 침상에 누워 휴대전화만 들여다
본다고 만날 수 없습니다.

연애와 결혼에 뜻이 있는 미혼 청년들은 가만히 있지 않습
니다. 그룹 참여도 열심히 하고, 봉사활동도 하고, 단기선교도
가고, 철야 기도회에도 참여하고, 새벽예배도 다니고, 수련회
에도 참여합니다. 어디에서 이성을 만날지 모르기 때문입니
다. 사랑에 대한 갈망이 깊어지면 담대해집니다. 만나는 사람
들에게 묻습니다. 나의 이상형은 이런 사람인데, 만나면 알려
달라고 말합니다.

신앙생활도 마찬가지입니다. 적극적이어야 합니다. 사람
들에게 물어야 합니다. 도움을 줄 분들을 찾아가십시오. 주님
을 만날 때까지 찾고 또 찾으십시오. 오직 한 가지입니다. 그분
을 만나는 일입니다. 말씀의 은혜를 받는 자리를 놓치면 안 됩

니다. 체면을 차린다는 것은 아직 급하지 않기 때문입니다. 마음이 다급하고 간절하면 문이 닫혀도 본당에 들어오려고 합니다. 가만히 있을 수 없습니다. 사모하면 길이 열립니다.

갈망의 깊이가 중요합니다. 부재에서 고통으로, 고통에서 갈망으로, 갈망에서 탐색으로, 탐색에서 발견으로, 그리고 결국 기쁨에 찬 모습으로 발전합니다.

주님은 우리 손을 놓지 않으십니다

그들을 지나치자마자 마음에 사랑하는 자를 만나서 그를 붙잡고 내 어머니 집으로, 나를 잉태한 이의 방으로 가기까지 놓지 아니하였노라 아 3:4

사랑은 멀리 있지 않습니다. 술람미 여인은 마침내 사랑하는 자를 찾습니다. 침상에만 있었다면 찾을 수 없었습니다. 간절함은 통합니다. 만나고자 하면 만납니다. 4절에서 "그들을 지나치자마자"라는 표현이 의미심장합니다. 우리 주님도 마찬가지입니다. 우리가 찾고자 한다면 멀리 계시지 않습니다. 아주 가까이 계십니다.

너희가 온 마음으로 나를 구하면 나를 찾을 것이요 나를 만나리라 렘 29:13

술람미 여인은 그를 붙잡습니다. 그를 붙잡고 놓지 않았다고 말합니다. 황홀한 시간입니다. 만남의 기쁨이 넘칩니다. 여기에서 '붙잡음'은 이전과 다릅니다. 부재를 경험하고 난 다음의 사랑은 이전보다 훨씬 더 강력합니다. 꽉 움켜쥐고, 꼭 끌어안습니다. 깊은 애정이 담긴 장면입니다. 다시는 잃어버리지 않겠다는 결의가 엿보입니다. 잃었다가 다시 찾으면 더 소중하게 여겨집니다. 이전보다 관계가 더 깊어집니다. 그를 붙잡았다는 것은 단순한 소유욕이 아닙니다. 사랑에 집중하는 모습입니다. 어떻게 해서 찾았는데 놓아주겠습니까? 느슨하게 붙잡으면 안 됩니다. 결사적으로 붙잡아야 합니다. 사랑을 다시는 놓치고 싶지 않기 때문입니다.

여기에서 놓치지 말아야 할 것이 있습니다. 우리가 사랑하는 이를 붙드는 것보다, 사랑하는 이가 우리를 더 강하게 붙들고 있습니다. 우리가 주님을 붙드는 것보다 주님이 우리를 붙들고 계신 손이 더 강력합니다. 우리 손은 안전하지 않습니다. 힘이 빠져 놓칠 때가 많습니다. 그러나 주님은 우리의 손을 놓지 않으십니다.

붙드는 신앙이 필요합니다. 주님을 사모하고 찾고 절실한 태도를 유지해야 합니다. 예배와 기도생활에서도 그것이 드러나야 합니다. 말씀을 갈망해야 합니다. 은혜 받는 자리에 열심을 내야 합니다. 은혜를 놓치지 않으려는 태도를 유지해야 합니다. 우리의 노력이 필요합니다. 그러나 그것으로 끝나지 않습니다. 우리를 붙잡고 계시는 하나님을 신뢰하십시오. 때로는 내가 붙들 힘조차 없이 나가떨어져 있을 때에도 하나님은 나를 붙들고 계십니다.

우리를 붙잡고 계시는 하나님의 손이 있기 때문에 사랑은 안전합니다. 내가 매달리는 것보다 하나님의 붙드심이 확실합니다. 내가 주님을 안고 있는 것이 아니라, 주님이 나를 안고 계십니다. 내가 주님을 붙들고 있는 것이 아니라, 주님이 나를 붙들고 계십니다. 우리는 '나를 붙드시는 하나님'으로 이동해야 합니다. 얍복나루에서의 야곱과 같습니다. 야곱이 하나님을 붙든 것이기도 하지만, 더 본질적으로는 하나님이 야곱을 붙잡고 계셨습니다.

사랑하는 이는 내 안에 계십니다

술람미 여인이 사랑하는 자를 만나서 그를 붙잡고 간 곳이 어디입니까? "내 어머니의 집" "나를 잉태한 이의 방"이라고 합니다. 이것은 존재의 뿌리, 근원을 의미합니다. 지금 그들은 존재의 근원으로 돌아가려고 합니다. 언약의 공간이라고도 할 수 있습니다. 가장 깊숙한 곳입니다.

사랑은 단순히 쾌락이 아닙니다. 사랑은 매우 깊은 곳으로 데리고 갑니다. 앞 장에서 '작은 여우를 잡으라'고 했습니다. 작은 여우들이 사랑을 방해했습니다. 이 일로 사랑이 정체되었습니다. 그러나 이제 다시 깊은 사랑 안으로 들어갑니다. 그냥 스쳐가는 만남이 아닙니다. 그의 존재 전체를 받아들입니다.

　그리스도를 우리 중심 깊은 곳에 모셔 들여야 합니다. 그때 어떤 일이 일어납니까? 신앙이 그저 감정의 차원에서 뜨겁고 차가워지는 단계를 넘어섭니다. 그때 존재의 변화가 일어납니다. 신앙의 새로운 단계입니다.

　내가 무엇을 하고 안 하고의 문제가 아닙니다. 나라는 존재 자체에 변화가 일어납니다. '예배에 참석했다'로 끝나는 것이 아닙니다. '무엇을 했다'가 아닙니다. 나라는 존재 자체가 하나님 안에 있게 됩니다. 하나님이라는 존재가 내 마음의 중심에 계시게 됩니다. 전혀 다른 이야기입니다. '내가 기도했다'로 끝나는 것이 아니라 그분의 존재 안에 머무는 것입니다. 그런 의미에서 내가 기도할 때 그 공간을 넘어섭니다. 하나님이 손님이 아니라 근원이 되십니다. 어머니의 방은 우리의 존재가 거처하는 곳입니다. 은밀한 곳은 영혼의 중심입니다. 우리는 이 어머니의 방으로 들어가야 합니다.

　평소 우리는 필요할 때 하나님을 초대하는 방식으로 살기 쉽습니다. 평소에는 잊히는 존재처럼 대하기도 합니다. 우리 영혼 깊숙한 존재의 방은 겹겹이 문들이 있습니다. 열고 들어간 곳이 있는가 하면, 아직 열지 않은 방도 있습니다. 간혹 필요한 순간에 하나님을 모시긴 했지만, 어머니의 방, 존재의 깊숙한 곳에는 모셔들이지 않았을 수 있습니다. 그래서 하나님은 늘 '지나치는 분'이 되곤 합니다. 가볍게 만나고 끝입니다. 임시 방문자처럼, 필요할 때만 모시는 분이 됩니다.

우리가 흔히 '열심히 기도하라, 더 기도하라'고 말하는 이유는 무엇입니까? 아직 기도가 하나의 도구로, 수단으로, 기능적으로 이용되기 때문입니다. 우리는 기도라는 형식을 배웠지만, 때로는 교회 프로그램으로만 배운 것에 그치기도 합니다. 기도하는 공간까지는 갑니다. 그러나 내 영혼, 존재의 깊숙한 곳에 하나님을 모셔들이지 못했습니다.

기도를 아무리 많이 하고, 기도회에 열심히 참여해도, 그보다 더 중요한 것이 있습니다. 내 존재의 중심, 영혼의 가장 깊은 곳에 하나님을 모셔들이는 일입니다. '나'라는 존재에 대한 이해가 중요합니다. "나는 어디로부터 왔습니까? 나는 누구입니까? 하나님 없이는 살 수 없다는 말은 무슨 의미입니까?" 어머니의 방이란 하나님을 '내 삶의 현장'만이 아니라 '내 존재의 근원'으로 모셔가는 자리입니다. 어머니의 방은 우리가 늘 모이는 예배당이 아니라, '나'라는 존재가 만들어진 곳입니다.

결혼이란 무엇입니까? 그냥 한 집에 같이 사는 것이 전부가 아닙니다. 상대를 나의 존재 깊은 곳으로 받아들이는 일입니다. 나를 잉태했던 어머니의 방, 내실로 받아들이는 일입니다.

공간의 문제가 아닙니다. 방은 있는데 존재의 방은 없는 경우도 있습니다. '당신'이라는 존재를 깊이 받아들여야 합니다. 많은 것을 함께 공유하고 살았지만 남남이 되는 이유는 무엇입니까? 상대를 위해 나라는 전 존재를 내주어야 합니다. 그것이 진짜 사랑입니다. 그런 관계는 쉽게 헤어질 수 없습니다. 외적 조건이 좋지 않아도 존재를 받아준 사람은 흔들리지 않습니다.

우리는 처음에는 하나님을 밖에서 찾습니다. 성을 돌아다니듯 여기저기를 돌아다닙니다. 이 사람 저 사람을 만나고, 온갖 곳을 기웃거립니다. 사람들의 말에 휘둘리기도 합니다. 그러나 하나님을 찾지 못합니다. 이제 어디에서 찾아야 합니까? 내 안에서 찾아야 합니다. 내 안에 거하시는 하나님입니다. 더 이상 불안해할 필요가 없습니다.

믿음으로 말미암아 그리스도께서 너희 마음에 계시게 하시옵고 너희가 사랑 가운데서 뿌리가 박히고 터가 굳어져서 엡 3:17

우리 몸이 하나님이 거하시는 성전입니다.

… 하나님의 나라는 볼 수 있게 임하는 것이 아니요 또 여기 있다 저기 있다고도 못하리니 하나님의 나라는 너희 안에 있느니라 눅 17:20b-21

어떤 특정한 장소만의 문제가 아닙니다. 종교적인 신앙은 특정한 장소를 강조합니다. 물론 예배당에 모여 기도와 예배를 드리는 것은 의미가 있습니다. 그러나 그것만 알면 종교화되기 쉽습니다. 주일 예배 참석으로 끝이고, 식사 기도하면 끝이며, 아침 큐티나 성경 한 장 읽기로 만족하기도 합니다. 그리고 그 다음은 자기 일에 몰두하며 하나님과 분리된 삶을 삽니다.

최상의 지성소는 우리 내면입니다. 평소에 늘 주님의 임재로 충만한 사람들이 주일에 함께 모여 예배드릴 때, 임재의 충만, 하나님의 충만하심을 더 깊이 경험할 수 있습니다. 그때 드리는 예배는 공기와 분위기가 다릅니다. 그렇지 않으면 예배는 '순서 지키기' 수준이 될 수 있습니다. 자칫하면 예배 시간이 장 사터와 비슷해질 수도 있습니다. 교회의 수준은 성도 한 사람의 영적 깊이와 연결됩니다.

하나님의 임재 속에 일상을 살아가는 사람이 얼마나 됩니까? 그것에 따라 예배 분위기도 달라집니다. 평소에 영적으로 깊은 경험을 하는 사람들이 주일에 모이면 예배의 몰입도가 다릅니다. 다른 사소한 일들이 일어나도 예배가 쉽게 방해받지 않습니다. 외적 소음이나 분위기를 해치는 사람이 있어도, 예배 안에 깊이 들어간 사람이 많으면 흔들림이 적습니다. 강력한 하나님의 임재하심이 예배를 이끌어 가기 때문입니다.

간혹 예배를 의도적으로 달구어 보려는 행동들이 있습니다. 그러나 그런 행동은 오히려 성령의 역사를 방해할 수 있습니다. 하나님은 더 이상 '보여지는 분'이 아니라, 우리 안에 거하시는 분이라는 사실을 깊이 인식하고 놓치지 말아야 합니다. 내 안에 계시는데, 더 이상 바깥에서 찾지 말아야 합니다.

받은 사랑으로 사람을 살리십시오

예루살렘 딸들아 내가 노루와 들사슴을 두고 너희에게 부탁한다 사랑하는 자가 원하기 전에는 흔들지 말고 깨우지 말지니라 아 3:5

이 말씀은 2장 7절과 같습니다. 왜 반복합니까? 2장 7절은 개인적이고 내적인 교제에 강조점이 있었습니다. 그러나 여기에는 공동체적 차원이 포함되어 있습니다. 이제 막 회복된 관계가 방해받거나 망가지지 않도록, 그 관계를 훼손하는 것은 멀리하자는 뜻입니다.

우리는 연약한 존재입니다. 사랑의 관계는 쉽게 상처를 입습니다. 사랑은 예민합니다. 관계는 가꾸어야 합니다. 깊은 친밀함은 거저 주어지지 않습니다. 교제가 다시 복원되었지만 조심해야 합니다. 교제를 더 아름답고 풍성하게 하려면 주의가 필요합니다.

주님의 임재를 경험하고 주님과 친밀함을 나누는 일은 너무나 복된 일입니다. 주님과 함께 일상을 동행하는 것이 얼마나 좋은지, 설명하지 않아도 알 것입니다. 이 일은 우리의 삶 전체를 바꾸어 놓습니다. 우리 삶의 핵심입니다. 이보다 더 강력하게 삶에 영향을 미치는 것이 또 있겠습니까? 다른 어떤 것보다 귀중하고 우선적인 일입니다. 그러나 '주님을 만났다' '다시 찾았다'는 사실에서 만족하고 멈추면 안 됩니다.

그리스도와의 친밀함이 주는 기쁨은 너무 큽니다. 그러나 그것은 나만의 기쁨으로 끝나지 않습니다. '나'라는 세계에서 '우리'에게로 연결됩니다. 만약 주님과의 비밀한 시간을 홀로만 가지고 공동체로 연결되지 않으면, 신비주의로 흐를 수 있습니다. 개인의 영적 경험만 강조하는 것으로 그치면, 그것은 개인주의적 신비주의가 됩니다. 아무리 대단한 것을 경험해도 그것으로 끝나면 유익이 없습니다. 우리가 경계해야 하는 것은 영성의 개인화입니다.

이런 추세는 코로나 팬데믹 이후 현저하게 강해졌습니다. '나만 신앙생활 잘하면 돼'라는 태도가 만연해졌습니다. 인터넷이 시작되면서 개인주의가 빠르게 확산되었습니다. AI 시대가 되면 이런 추세가 더 증폭될 것으로 보입니다. 코로나 팬데믹은 AI 시대를 훨씬 앞당겨 열리게 했고, AI 시대는 개인주의화를 더 가속화시킬 것입니다. 핵개인화, 초개인화는 모두가 이야기하는 미래의 모습입니다. 이런 경향이 신앙의 영역에도 그대로 영향을 미칩니다. 우리는 경계해야 합니다.

하나님을 깊이 만나는 순간부터, 우리 삶은 나에게서 하나님으로 중심이 이동합니다. 자기 이익, 자기 만족, 자기 성찰에만 머물지 않습니다. 자기 성찰이 필요하지만, 너무 자기 성찰만 하면 해롭습니다. 더 이상 자기 자신만 바라보지 않아야 합니다. 궁극적으로 우리의 영혼이 하나님께로 향해야 합니다. 하나님께로 향할수록 우리는 나를 잊습니다. 하나님께로 향할수록 안정감과 견고함이 생깁니다. 바울은 그런 상태를 "내 몸에서 그리스도만 존귀케 하려 함"(빌 1:20)이라고 말했습니다. 또 "이제는 내가 사는 것이 아니요"(갈 2:20)라고 고백했습니다. 자기 자신을 잊습니다. 이것은 자아상실이 아니라, 그리스도께 깊이 들어간 상태입니다.

바울은 신비로운 경험을 했습니다. 셋째 하늘에 이끌려 간 적이 있었습니다. 천국 경험입니다. 그러나 바울은 그것을 자세히 말하지 않습니다. 왜입니까? 유익이 없기 때문입니다. 그는 간증집회하러 다니지 않았습니다. 개인적으로 받은 은혜는 말하지 않는 것이 더 유익할 때가 있습니다. 우리 가운데도 은혜생활 가운데 신비를 경험한 분들이 있을 것입니다. 주님과의 특별한 경험을 간직하는 것은 좋습니다. 그러나 그것은 어디까지나 하나님과 나와의 관계 안에서 일어나는 일입니다. 중요한 것은 그 다음입니다.

진짜 은혜를 받으면 자연스럽게 책임감으로 나아갑니다. 주를 위해 살아갈 힘과 능력이 주어집니다. 바울의 삶에는 고난이 따라다녔지만, 그는 기꺼이 그 길을 걸을 수 있었습니다. 그 힘은 어디에서 왔습니까? 어머니의 방입니다. 존재 자체가 하나님 안에 있었기 때문입니다. 그를 흔들 수 있는 것은 아무

것도 없었습니다. 이것이 바로 십자가의 영성입니다. 고난을 기쁨으로 감수하는 영성입니다. 건강한 영성은 자기만족과 자기 기쁨으로 끝나지 않습니다. 나만의 세계 안에 갇혀 있지 않습니다. 사람들을 살리고 공동체를 일으키는 일로 나아가야 합니다. 나를 회복시켜 주신 은혜가 다른 사람에게로 흘러가야 합니다. 나만의 만족과 기쁨은 지속력이 짧을 수 있습니다. 그러나 섬김의 삶을 통해 주시는 기쁨은 다릅니다. 열매를 맺을 때 주어지는 기쁨입니다.

영성이 깊다는 것은 자랑거리가 아닙니다. 기독교는 산 위에서 혼자 도를 닦는 종교가 아닙니다. 깊은 수도의 경지에 이르렀다는 것도 자랑거리가 아닙니다. 예수님이 40일 금식을 마치신 후, 마귀가 "돌이 떡이 되게 하라"고 유혹했습니다. 예수님은 단호히 거절하셨습니다. 주님은 얼마든지 능력을 드러내실 수 있었지만, 사적으로 사용하는 것을 거부하셨습니다.

왜 예수님은 40일을 금식하셨습니까? 영적 고행을 통한 신비 체험을 위해서였습니까? 40일 금식은 결코 쉬운 일이 아닙니다. 배고픔이라는 처절한 고통의 경험은, 고통받는 백성들을 위한 사역의 길을 준비하는 시간이었습니다. 우리와 하나님과의 교제의 밀도가 깊어질수록, 그것은 삶의 열매로 나타나야 합니다.

몸을 입고 오신 예수님의 삶의 이유가 여기에 있습니다. 대단한 능력을 보여 주려고 오신 것이 아닙니다. 죄인들을 건져

내기 위해, 주님은 고난을 자처하셨습니다. 초능력자로 사신 것이 아니라, 우리와 같이 아픔을 느끼시며 동고동락하셨습니다.

그리스도께서 내 안에 거하신다는 것은 놀라운 일입니다. 그리스도 안에는 엄청난 생명력이 있습니다. 그분이 우리 안에 생명으로 거하십니다. 그리고 우리가 그리스도인답게 살아가게 하는 에너지를 제공해 주십니다. 우리가 지치는 이유는 주님을 멀리서 찾고 있기 때문입니다. 내 안에 함께 계신 분과 함께하는 법을 모르기 때문입니다.

이제 우리가 할 일이 있습니다. 사랑을 알지 못하고 상처로 가득한 사람들에게 사랑을 알려 주어야 합니다. 영적 혼란과 방황 속에 있는 사람들을 이끌어 주어야 합니다. 치유를 받은 사람은 또 다른 사람을 치유합니다. 이제 중요한 것은 나의 경험을 다른 사람들과 나누는 일입니다. 다른 사람들을 어머니의 방으로 안내하는 일입니다.

주변을 보면 신앙생활이 힘든 사람들이 있습니다. 아직도 하나님을 찾고 있는 사람들, 신앙생활을 잘하다가 방황하는 사람들이 있습니다. 상처 입은 영혼들이 있습니다. 하나님께 실망한 사람들이 있습니다. 부재의 밤을 맞아 외로움과 혼란 속에서 시달리는 사람들이 있습니다. 이런 사람들을 외면하지 마십시오. 사랑의 위기를 맞고 있는 사람들을 도우십시오. 내가 신앙의 깊은 세계로 들어간 것만으로 충분하지 않습니다.

눈을 뜬 사람은 감고 있는 사람들을 안내해야 합니다. 하나님과의 회복을 위해 기여하십시오. 하나님과의 더 깊은 관계 안으로 나아가도록 돕기 바랍니다. 이제 개인적 영성에서 공동체적 영성으로 옮겨 가야 할 때입니다.

chapter 9

왕과의 혼인 잔치가 열리다 *

⁶ 몰약과 유향과 상인의 여러 가지 향품으로 향내 풍기며 연기 기둥처럼 거친 들에서 오는 자가 누구인가

⁷ 볼지어다 솔로몬의 가마라 이스라엘 용사 중 육십 명이 둘러쌌는데

⁸ 다 칼을 잡고 싸움에 익숙한 사람들이라 밤의 두려움으로 말미암아 각기 허리에 칼을 찼느니라

⁹ 솔로몬 왕이 레바논 나무로 자기의 가마를 만들었는데

¹⁰ 그 기둥은 은이요 바닥은 금이요 자리는 자색 깔개라 그 안에는 예루살렘 딸들의 사랑이 엮어져 있구나

¹¹ 시온의 딸들아 나와서 솔로몬 왕을 보라 혼인날 마음이 기쁠 때에 그의 어머니가 씌운 왕관이 그 머리에 있구나

결혼 잔치가 시작됩니다

아가서 3장 6절부터는 두 사람이 분명히 하나로 나아가는 장면을 보여 줍니다. 지금까지 다루었던 내용부터 앞으로 다룰 내용의 흐름을 보면, 연애의 단계에서부터 약혼을 거쳐 결혼에 이르기까지의 여정이라고 볼 수 있습니다. 신랑의 부재를 느끼며 갈망하고, 찾고, 다시 만나 붙들며 동행해 온 과정이 이어져 왔습니다.

이러한 흐름은 사랑의 초기 단계에서 시작하여 위기를 지나 더 깊은 단계로 나아가는 과정을 보여 줍니다. 이는 성경 전

체에 반복되는 중요한 주제이기도 합니다. 창세기에서 인간은 하나님과 매우 가까운 관계였으나, 죄로 말미암아 에덴동산에서 쫓겨나는 단절을 경험하게 되었습니다. 그 이후 인간에게는 끊임없는 갈망이 자리하게 되었습니다.

이 갈망을 따라 인간은 하나님을 추구하지만, 찾지 못할 때 엉뚱한 대상에 빠지기도 합니다. 그러나 결국 위기를 지나고 그리스도를 만나서 온전한 화해에 이릅니다. 사랑은 이러한 위기를 통과하며 성숙해집니다. 구원과 천국의 역사가 이루어집니다. 이는 하나님과 단절되었던 인간이 다시 하나님과 완전한 연합을 이루는 과정을 의미합니다. 성경은 이 연합을 결혼이라는 이미지로 묘사합니다. 아들이 아버지의 집을 떠났다가 다시 그 아버지의 집을 사모하며 돌아오는 과정입니다. 귀환의 끝에는 잔치가 벌어집니다. 이 잔치가 바로 결혼이 지닌 의미입니다. 우리는 모일 때마다 잔칫집과 같아야 합니다. 교회는 밝아야 하며, 구원은 기쁨의 잔치입니다.

> 몰약과 유향과 상인의 여러 가지 향품으로 향내 풍기며 연기 기둥처럼 거친 들에서 오는 자가 누구인가 아 3:6

오늘은 특별히 중요한 날, 바로 결혼식 날입니다. 결혼식은 신랑과 신부에게 평생 잊지 못할 날이며, 해마다 기념하는 날입니다. 그만큼 결혼식은 일생에서 매우 의미 있는 날입니다.

설렘과 기대가 가득한 날입니다. 결혼식이 시작될 때 울려 퍼지는 결혼 행진곡은 많은 사람의 마음을 움직입니다. 이미 결혼한 사람도, 다른 이의 결혼식에 참석한 사람도 그 음악을 들으면 가슴이 벅차오르는 경험을 합니다.

그러나 오늘날 결혼과 결혼식에 대한 시선이 많이 달라졌습니다. 결혼 자체를 부정적으로 바라보는 시각이 늘어났습니다. 결혼의 개념이 심각하게 훼손되었습니다. 왜 꼭 결혼을 해야 하는지, 묻는 사람이 많아졌습니다. 비혼주의자들도 증가하고 있습니다. 정식 결혼 없이 동거만 하려는 청년들도 늘어나고 있으며, 이러한 형태가 미디어를 통해 조장되기도 합니다. 그러나 동거 관계의 해체율은 결혼한 가정보다 훨씬 높다는 사실을 우리는 분명히 인식해야 합니다.

결혼식을 생략한 채 가정을 이루는 경우도 늘고 있으며, 결혼 자체에 대한 회의감도 커지고 있습니다. 실제로 이혼율은 급격히 증가하고 있으며, 이는 그리스도인 가정도 예외가 아닙니다. 이혼 가정에서 자란 자녀가 다시 이혼을 경험할 가능성이 높다는 사실도 여러 연구를 통해 확인되고 있습니다.

그럼에도 불구하고 결혼은 하나님이 제정하신 매우 귀중한 제도입니다. 결혼은 인간의 아이디어가 아니라 하나님의 아이디어입니다. 창세기부터 하나님은 사람을 짝지어 주셨습니다. 결혼은 인간과 인간의 만남이지만, 동시에 신적 의미를 부여받은 언약의 사건입니다. 교회와 가정은 인간 문화의 산물이 아니라 하나님의 창조물입니다. 이 사실을 이해할 때 결혼식의 중요성도 올바르게 자리 잡게 됩니다.

결혼식도 중요하지만, 더 중요한 것은 결혼 자체입니다. 그래서 우리는 결혼식이 아니라 결혼을 준비해야 합니다. 오늘날 결혼을 준비한다고 하면 집 마련이나 혼수 등 형식적인 요소들이 지나치게 강조되고 있습니다. 결혼식 하루에 모든 의미와 신경이 집중되는 경향도 큽니다. 그러나 진정 중요한 것은 결혼의 의미를 깊이 되새기는 일입니다. 결혼이 단순한 행사가 아니라 언약임을 회복하지 못하면, 결혼은 쉽게 무너질 수밖에 없습니다.

아가서는 두 남녀의 결혼 이전과 이후를 분명히 나누어 보여 줍니다. 앞부분에서는 잃어버렸다가 다시 찾는 사랑의 과정이 나타나고, 이후에는 두 사람의 결혼 예식이 등장합니다. 이는 교회가 그리스도의 영광 안으로 인도되는 모습을 상징적으로 묘사한 것입니다. 술람미 여인과 솔로몬의 결혼은 곧 교회와 그리스도의 연합을 예표합니다.

그리스도인은 이미 그리스도와 결혼한 존재로 이해할 수 있습니다. 하나님과 우리의 관계는 언약의 관계, 곧 결혼한 관계입니다. 그래서 성경은 하나님 아닌 것을 사랑하는 이스라엘을 향해 '음행했다'고 표현합니다. 이는 이미 결혼한 관계를 배반했기 때문입니다.

그러므로 우리는 다른 곳에 눈을 돌리지 말고 신랑 되신 그리스도의 다시 오심을 기다려야 합니다. 성경은 장차 이루어질 그리스도와 신부 된 교회의 공중 혼인 예식을 말하고 있습니다. 그리스도인들은 이미 그리스도와 결혼한 상태에 있지만, 장차 주님이 다시 오실 때 어린 양의 혼인 잔치에 참여할 소망을 가지고 살아갑니다. 이것이 우리에게 남아 있는 궁극적인 미래의 소망입니다.

결혼식의 주인공은 그리스도이십니다

지금까지 살펴본 아가서에서 술람미 여인은 중심 화자이며, 사랑에 빠진 젊은 남자는 솔로몬입니다. 결혼식 장면은 문화에 따라 다르지만, 아가서 3장에서는 여인 혹은 구경하는 무리, 즉 제3자의 시선이 등장합니다.

6절은 바로 이 관찰자의 시선으로 시작합니다. 이는 거친 들에서 예루살렘으로 올라오는 솔로몬과 그의 행렬을 묘사한 장면입니다. 처음에는 그 정체가 분명하지 않지만, 가까이 다가올수록 점점 선명해집니다.

거친 들은 개간되지 않은 황무지를 의미하며, 성 밖에서 바라본 장엄한 행렬의 모습입니다. 연기 기둥과 향기는 하나님의 임재와 영광을 상징합니다. 성전에서 항상 피웠던 향, 대제사장이 드리던 분향, 동방 박사들이 드렸던 몰약까지 이 모든 상징이 한 행렬 안에 담겨 있습니다. 단순한 결혼 행렬이 아니라 왕의 개선 행렬입니다. 승리자가 다가오는 모습이며, 모든 초점은 신랑에게 맞추어져 있습니다. 결혼은 광야를 떠나 예루살렘으로 들어가는 여정이며, 예루살렘은 왕의 임재와 영광, 기쁨과 안식을 의미합니다.

오늘날 그리스도의 신부 된 우리는 이 행렬 안에 포함되어 있습니다. 솔로몬의 화려한 가마에 실려 예루살렘으로 향하는 혼인 행렬 속에, 믿음의 백성들도 함께 참여하고 있는 것입니다. 우리의 목적지는 아버지의 집이며, 모든 시선은 신랑이신 그리스도께 맞추어져 있습니다.

성경적 결혼에서 주인공은 신부가 아니라 신랑입니다. 그 신랑은 바로 예수 그리스도이십니다. 결혼은 두 사람만의 결합이 아니라, 그리스도를 중심에 둔 거룩한 연합입니다. 마치 삼각구도와 같이 남자와 여자가 각각 그리스도를 바라볼 때, 비로소 온전한 하나 됨이 가능합니다. 이 원리는 결혼뿐 아니라 우리의 삶 전체에 적용됩니다. 공부를 하든, 일을 하든, 사역을 하든, 삶의 모든 초점은 그리스도께 맞추어져야 합니다. 신부는 결국 모든 시선과 감탄을 자신에게서 신랑에게로 돌립니다. 이것이 성경이 말하는 참된 결혼의 모습이며, 교회와 그리스도의 관계입니다.

볼지어다 솔로몬의 가마라 이스라엘 용사 중 육십 명이 둘러쌌는데
아 3:7

신부는 지금 이렇게 말하고 있습니다. "볼지어다" 무엇을 보라는 것입니까? 바로 "솔로몬의 가마"입니다. 이는 '나를 보지 말고 솔로몬을 보라'는 고백입니다. 참된 신부는 자신이 주인공이 아님을 압니다. 신부의 역할은 신랑을 빛나게 하는 데 있습니다. 그러므로 신부의 영성은 '바라봄'에 있습니다. 누구를 바라보는 것입니까? 그리스도를 바라보는 것입니다.

두 사람이 아무리 결단하고 약속을 해도 한계가 있습니다. 시간이 흐르면 사랑은 이전과 같지 않게 됩니다. 맹세했던 대상도, 상황도, 감정도 변합니다. 그러므로 사랑을 감정에만 기초해서는 안 됩니다. 감정은 본질적으로 변덕스럽기 때문입니다.

결혼식에서 신랑 신부는 "죽음이 우리를 갈라놓을 때까지 사랑하겠다"라고 고백하지만, 시간이 지나면 타성에 젖어 "별일이 없는 한 함께 살자" "애들 크는 거나 보며 살자"는 말로 바뀌는 경우도 적지 않습니다. 사랑의 초기 단계에서는 여러 사랑에 빠지는 호르몬이 우리 뇌에서 분비되며 강한 흥분 상태를 경험합니다. 그러나 그 시기에는 두 사람이 앞으로 어떤 상황을 통과하게 될지 알 수 없습니다.

그리스도를 모신 가정은 연약한 관계를 붙들어 줍니다. 이러한 의미에서 결혼은 두 사람의 만족이 목적이 아니라, 그리스도에 대한 경배가 우선되는 자리입니다. 사랑의 중심은 두 사람이 아닙니다. 반드시 그리스도가 중심이 되어야 합니다.

우리가 무엇을 느끼는가보다 주님이 무엇을 원하시는지가 더 중요합니다.

신랑과 신부의 시선이 그리스도를 향할 때, 그 사랑은 흔들리지 않고 견고해집니다. 결혼식 자체가 목적이 아닙니다. 결혼식에만 초점을 맞추지 마십시오. 오늘날 결혼식이 하나의 쇼처럼 소비되는 경우도 많은데, 그럴 경우 결혼식 날만 가장 좋은 날이 되고 말 수 있습니다. 결혼식에서도 참된 예배를 드려야 합니다. 결혼식 날, 온전히 그리스도를 높이는 예배를 드릴 때 사랑은 그리스도 안에서 하나가 됩니다. 우리는 주인공이 아닙니다. 그리스도가 주인공이십니다.

교회도 마찬가지입니다. 교회는 이미 그리스도의 사랑을 받은 공동체이지만, 아직 영원한 나라에 이르지는 않았습니다. 그런 의미에서 교회 역시 여전히 예식 중에 있다고 볼 수 있습니다. 교회는 행렬 안에 있으며, 광야에서 예루살렘을 향해 나아가는 중에 있습니다.

신부는 광야를 지나며 자신을 다듬고, 점점 향기로운 존재로 빚어져 갑니다. 이 행렬은 단순히 광야를 벗어나는 여정이 아니라, 영광의 도성을 향해 나아가는 길입니다. 그러므로 이 시간 우리는 자신을 아름답게 빚어 가야 합니다. 장차 온전한 공중 예식에 참여할 그리스도의 신부로서, 지금도 우리는 자신을 단장해야 합니다.

그리스도의 신부 된 교회는 반드시 그리스도께 초점을 맞추어야 합니다. 핵심은 그리스도와의 온전한 연합입니다. 사람이 아무리 많이 모여도 그들이 중심이 되어서는 안 됩니다. 교회의 주인은 그리스도이십니다. 우리의 감정, 우리의 취향, 우리의 스타일이 중요한 것이 아닙니다. 오직 주님만 영광을 받으셔야 합니다.

사랑할수록 아름다워집니다

다 칼을 잡고 싸움에 익숙한 사람들이라 밤의 두려움으로 말미암아 각기 허리에 칼을 찼느니라 아 3:8

8절을 보면 왕의 마차가 연상됩니다. 호위병의 수가 권세와 위엄을 상징합니다. 왕의 주변에 칼 찬 용사가 60명이나 있습니다. 그들은 모두 전쟁에 익숙한 친위대입니다. 무장한 용사들은 단순한 사치가 아니라 완전한 보호를 의미합니다.

지상의 삶은 언제든지 전투가 벌어집니다. 우리의 신앙 여정은 영적 전쟁입니다. 우리를 대적하는 세력이 있습니다. 시험이 많고 마귀의 공격이 있으며 각종 유혹이 있습니다. 그러나 두려워할 필요가 없습니다. 신랑 되신 그리스도가 지켜 주십니다. 신랑은 확실하게 안전을 보장하고 있습니다. 우리가 싸워 이기는 것이 아니라 주님이 책임지고 이기게 하십니다.

그리스도께서 우리를 지켜 주십니다. 영광의 자리에 도달할 때까지 주님은 우리를 책임져 주십니다. 그래서 우리의 구원은 안전합니다. 왕의 행렬을 가로막을 자가 없습니다.

솔로몬이 가마를 만들었는데, 그 재료가 백향목입니다. 이 나무는 매우 견고하고 튼튼하며 병충해에도 강해 건축이나 선박 자재로 사용했습니다. 또 향이 좋아 가구로도 많이 사용했습니다. 그뿐만이 아닙니다. 기둥은 은으로, 바닥은 금으로, 자리는 자색 깔개로 만들었습니다. 가장 좋은 재료들로 준비된 장엄하고 풍요로운 모습입니다.

그러나 핵심은 사랑입니다. 예루살렘 딸들의 사랑으로 수놓인 장식이 있다고 합니다. 사랑하면 정성이 들어갑니다. 한 올 한 올 정교하게, 애정 어린 손길로 다듬어지고 만들어집니다. 한 땀 한 땀 사랑이 배어 있습니다. 무언가에 담긴 사랑은 드러납니다. 마음이 겉으로 표현됩니다. 따뜻함과 포근함이 있고, 감동을 일으킵니다.

이 가마는 공동체의 사랑으로 만들어졌습니다. 예루살렘 딸들이 함께 수를 놓은 것입니다. 교회도 마찬가지입니다. 주님을 사랑하는 사람들이 교회를 사랑할 때, 그 사랑이 교회 곳곳에 묻어납니다. 우리 교회가 토요일마다 교구별로 돌아가며 교회를 청소하는 모습은 참 귀합니다. 돈을 주고 외부 인력을 쓸 수 있지만, 성도들이 교회를 사랑하는 마음으로 직접 닦고 쓸며 반짝이게 만듭니다. 사랑의 온기가 공동체 안에 남습니다.

"그 안에는"이라는 표현에 주목해 보십시오. 보이지 않는 내부가 중요합니다. 세상은 겉은 화려하지만 안은 엉성한 경우가 많습니다. 그러나 하나님 나라는 반대입니다. 하나님 나라는 안으로 들어갈수록 더욱 깊고 아름답고 거룩해집니다. 겉만이 아니라 안이 중요합니다. 성막도 겉은 수수했지만, 가장 깊은 곳이 가장 정교하고 아름다웠습니다. 지성소는 가장 안쪽, 아무나 볼 수 없는 곳이지만 더 많이 신경 쓴 장소입니다.

오늘 본문에서 이 가마가 아름답게 엮여 묘사되고 있다는 사실은 우리에게 매우 중요한 의미를 지닙니다. 사람도 마찬가지입니다. 인간관계는 갈수록 더 깊어져야 합니다. 교제하면 할수록 그 사람의 진가가 드러나야 합니다. 시간이 흐르며 "이 사람은 정말 진국이구나"라는 고백이 나와야 합니다. 갈수록 새로운 비경이 열리고, 더 아름다워지는 것이 정상적인 관계의 모습입니다.

솔로몬보다 더 큰 이가 오십니다

시온의 딸들아 나와서 솔로몬 왕을 보라 혼인날 마음이 기쁠 때에 그의 어머니가 씌운 왕관이 그 머리에 있구나 아 3:11

아가서 3장 11절은 아가서 전체의 핵심이며, 심장부에 해당하는 말씀입니다. 혼인 날이 마침내 이르렀습니다. 드디어 신랑과 신부가 만나는 순간이 왔습니다. 그리스도와 교회의 종말론적 완성이 이 장면에 담겨 있습니다.

그동안 우리는 광야에서 올라오는 행렬을 보아 왔습니다. 향기로 가득한 신랑의 임재, 용사들의 보호와 사랑으로 꾸며진 행렬이 마침내 도착한 것입니다. 이 장면은 요한계시록 19장, 어린 양의 혼인 잔치와 자연스럽게 연결됩니다. 그런 의미에서 아가서 3장은 개인의 영성에 관한 말씀이면서 동시에 구속사적 메시지를 담고 있습니다.

성경은 하나님의 나라를 자주 잔치에 비유합니다. 성경 전체를 살펴보면 잔치의 이미지가 매우 풍성하게 등장합니다. 예수님이 첫 번째 기적을 행하신 곳도 가나의 혼인 잔치였습니다. 꺼져 가던 잔칫집에 그리스도께서 오심으로 반전을 일으키셨습니다.

구원받은 백성은 이러한 잔칫집에 초대된 사람들입니다. 탕자가 돌아왔을 때 아버지는 살진 송아지를 잡고 잔치를 열었습니다. 이것이 구원의 본질입니다. 신랑과 신부가 사랑하는 모든 사람을 초대하여 함께 기쁨을 나누는 날, 그보다 더 즐거운 날은 없습니다. 그러므로 신약의 교회는 잔칫집과 같습니다. 교회에서 함께 먹고 교제하는 자리도 잔치의 연장선에 있습니다. 기쁨과 나눔이 있는 공동체의 모습은 구원의 기쁨을 드러냅니다. 기쁨과 기대 속에서 주님의 집으로 들어오는 발걸음이 있습니다. 그 소리는 교회를 살아 있게 합니다.

11절에서 솔로몬의 등장을 선포합니다. "솔로몬 왕을 보라"고 외칩니다. 그런데 흥미로운 점은 이 장면에 신부에 대한 묘사가 없다는 사실입니다. 신부의 묘사는 4장에 가서 등장합니다. 이는 모든 시선이 왕에게 집중되어 있음을 의미합니다.

이 장면은 솔로몬과 술람미 여인의 결혼식 자체를 말하려는 것이 아닙니다. 그리스도와 신부 된 교회의 결혼을 바라보게 합니다. 솔로몬을 지나 그리스도를 바라보라는 초대입니다. 혼인의 날은 신부의 소원이 성취되는 날이지만, 그보다 더 중요한 의미가 있습니다. 그리스도께서 기뻐하시는 날이라는 것입니다.

> 마치 청년이 처녀와 결혼함 같이 네 아들들이 너를 취하겠고 신랑이
> 신부를 기뻐함 같이 네 하나님이 너를 기뻐하시리라 사 62:5

우리는 솔로몬의 등장을 통해 솔로몬보다 더 크신 그리스

도를 바라봐야 합니다. 예수님은 "솔로몬보다 더 큰 이가 여기 있"(눅 11:31)다고 말씀하셨습니다. 솔로몬의 부와 지혜, 업적은 위대했으나, 만왕의 왕이신 그리스도와는 비교할 수 없습니다.

> 만물이 그로 말미암아 지은 바 되었으니 지은 것이 하나도 그가 없이는 된 것이 없느니라 요 1:3

솔로몬의 나라는 찬란했지만, 그리스도의 나라는 영원하며 무너지지 않습니다. 솔로몬의 이름이 평화를 의미하지만, 참된 평강의 왕은 예수 그리스도이십니다. 신부가 아무리 아름답게 준비되었다 해도, 혼인 날의 중심은 신부의 영광이 아니라 신랑의 기쁨입니다. 성도가 거룩함으로 자신을 단장하는 이유는 신랑 되신 그리스도의 기쁨을 위함입니다. 그러므로 우리의 궁극적인 목적은 내 기쁨이 아니라, 그리스도를 기쁘시게 하는 데 있습니다. 그리스도를 기쁘게 할 때, 그 기쁨이 우리에게로 반사되어 옵니다. 혼인의 날에 기쁨이 넘치는 이유도 여기에 있습니다.

우리는 이 땅에서 순례자로 살아갑니다. 광야에서 천성을 향해 가는 여정 가운데 있습니다. 때로는 지치고 힘든 순간도 있지만, 주님은 우리를 은혜의 가마에 태우고 끝까지 인도하십니다. 때로는 걷게 하시고, 때로는 안아 주시며, 마침내 반드시 우리를 영광의 나라, 아버지의 집으로 데려가실 것입니다. 우리가 소망하는 것은 바로 그날입니다.

그러므로 "솔로몬 왕을 보라"는 외침은 곧 "그리스도를 바라보라"는 초대입니다. 성경은 우리를 결국 그리스도께로 데려갑니다. 모든 상징과 체험은 사라지고, 오직 예수 그리스도만 남습니다. 변화산에서 모세와 엘리야가 사라지고 "오직 예수만 보이더라"는 말씀처럼, 모든 영광과 감탄의 초점은 그리스도여야 합니다. 신부의 최종 종착지는 신랑 되시는 그리스도입니다. 우리가 바라보고 추구하고 찾는 분은 오직 예수 그리스도 한 분입니다.

묵상이 깊어질수록 남아야 할 분도 오직 예수 그리스도입니다. 위대해 보였던 모든 인간은 희미해지고, 그리스도만 선명해져야 합니다. 솔로몬은 그림자에 불과합니다. 성경의 모든 메시지는 결국 한 분을 가리킵니다. 창세기부터 요한계시록까지 읽고 난 후 남아야 할 이름은 하나, 예수 그리스도입니다.

온전한 연합이 이루어질 것입니다

'관조'란 '비추어 본다'는 뜻으로, 깊이 주목하는 것을 의미합니다. 우리 삶에는 흘러가는 시간인 크로노스가 있고, 하나님의 개입이 있는 카이로스의 시간이 있습니다. 관조란 이 두 시간이 맞물리는 지점입니다. 오늘날 우리의 어려움은 주목하지 못하는 데 있습니다. 우리는 너무 많은 것을 보느라 가장 중요한 한 분을 놓치고 있습니다. 광고와 뉴스, 정보와 시세 속에서 시선의 초점을 잃어버렸습니다. 그래서 영적 시력이 약해졌습니다. 그러나 주목해야 할 분을 주목할 때, 삶은 회복됩니다. 바라봄과 사랑은 하나입니다. 인간은 욕망하는 것을 바라봅니다. 찬양은 관조할 줄 아는 사람에게서 터져 나옵니다. 그리스도를 깊이 주목할 때, 찬양이 흘러나옵니다.

주일이 주어진 이유도 여기에 있습니다. 하루를 구별하여 주님을 바라보라는 초대입니다. 그분을 바라볼 때, 삶의 결핍은 채워지고 기쁨이 넘칩니다. 삶을 바꾸려면 시선을 바꾸어야 합니다. 기도의 핵심도 그리스도를 주목하는 데 있습니다. 그분을 주목할 때, 기도는 깊어지고 찬양으로 이어집니다. 우리가 놓친 것은 단 하나, 예수 그리스도입니다. 그분을 놓치면 모든 것을 잃습니다. 아가서가, 성경이 가리키는 손가락 끝을 따라가면, 그곳에는 예수 그리스도께서 계십니다.

그 안에는 지혜와 지식의 모든 보화가 감추어져 있느니라 골 2:3

그리스도를 더 깊이 알고, 더 깊이 만나며, 그분과 친밀해질 때 연합은 이루어집니다. 우리의 불행은 그분과의 분리에서 시작되었습니다. 이제 우리는 다시 그리스도께로 돌아가야 합니다. 그분을 놓치지 말고 사모해야 합니다. 우리의 소망은 오직 하나입니다. 그리스도와의 영원한 친밀함, 영원한 임재와 연합입니다. 그날이 구원의 완성입니다. 지금은 '이미'와

‘아직’ 사이를 살아가지만, 마지막 날 온전한 연합이 이루어질 것입니다.

그러므로 오늘 우리는 그리스도의 신부로서, 신랑의 시선을 바라보며 믿음의 동행을 계속해야 합니다. 그분의 임재를 더 깊이 경험하며, 마지막 날 온전한 연합에 이르기까지 자신을 거룩하게 지켜 나가는 믿음의 순례자가 되기를 바랍니다.

chapter 10.

사랑이 완성되어 가다 *

1 내 사랑 너는 어여쁘고도 어여쁘다 너울 속에 있는 네 눈이 비둘기 같고 네 머리털은 길르앗 산 기슭에 누운 염소 떼 같구나

2 네 이는 목욕장에서 나오는 털 깎인 암양 곧 새끼 없는 것은 하나도 없이 각각 쌍태를 낳은 양 같구나

3 네 입술은 홍색 실 같고 네 입은 어여쁘고 너울 속의 네 뺨은 석류 한 쪽 같구나

4 네 목은 무기를 두려고 건축한 다윗의 망대 곧 방패 천 개, 용사의 모든 방패가 달린 망대 같고

5 네 두 유방은 백합화 가운데서 꼴을 먹는 쌍태 어린 사슴 같구나

6 날이 저물고 그림자가 사라지기 전에 내가 몰약 산과 유향의 작은 산으로 가리라

7 나의 사랑 너는 어여쁘고 아무 흠이 없구나

8 내 신부야 너는 레바논에서부터 나와 함께 하고 레바논에서부터 나와 함께 가자 아마나와 스닐과 헤르몬 꼭대기에서 사자 굴과 표범 산에서 내려오너라

결혼은 온전한 연합을 이룹니다

결혼은 사랑의 절정이요 완성입니다. 그리고 결혼은 온전한 연합, 하나됨을 의미합니다. 이 하나 됨에는 육체적인 연합도 포함됩니다. 그래서 아가서는 몸의 연합에 대해서도 다루고 있습니다. 몸의 연합이 빠진 사랑은 완전하지 않습니다. 결국 사랑의 완전한 단계는 이 모든 것을 다 아우르는 것입니다. 그래서 아가서에서 사랑은 굉장히 관능적입니다. 매우 노골적인 성적 묘사들이 있습니다. 아가서는 성을 감추지 않습니다.

여기에서 중요한 것은 육체적 연합은 결혼 관계 안에서만 다루어지는 것입니다. 창조 때부터 그렇게 의도되어 있습니다. 결혼 관계 안에서만 다루어지는 성은 연합의 산물이며, 또 그 안에서 깊은 만족과 기쁨을 안겨 줍니다. 낭만적인 사랑 안에는 신비가 담겨 있습니다. 성은 매우 중요합니다. 그런데 이 땅의 성은 창조 원리에서 많이 멀어졌습니다. 많이 왜곡되어 있습니다. 오늘날 사랑, 결혼, 성 같은 단어들이 얼마나 많이 왜곡되어 어 있는지 모릅니다. 심지어 기독교 내에서도 성을 부정적으로 보는 이들이 있습니다. 가급적 성 문제를 외면하려고 합니다. 그들의 논리라면 아가서는 금지된 책이어야 합니다.

특별히 금욕주의 기독교인들에 의해 아가서는 불온한 책으로 지목받기도 했습니다. 그러나 하나님이 의도하신 결혼, 사랑, 성은 아름다운 것입니다. 그것은 하나님이 주신 선물입니다. 하나님이 육체를 만드셨습니다. 하나님이 성을 만드셨습니다. 창조의 질서 안에서 사용될 때 그것은 축복이 됩니다.

우리 어린 자녀들도 성경적 성을 바르게 배우는 기회를 가져야 합니다. 성경적인 성을 배우기 전에 엉뚱한 곳에서, 또래 관계 사이에서, 혹은 세속적인 가치관 속에서 배우게 되면 매우 위험합니다. 세상은 성을 추악하게 만들었습니다. 현대 사회는 성을 너무 과도하게 확대해 버렸습니다. 그래서 성의 상업화가 일어났습니다. 거룩함을 빼버린 성은 사고파는 소비재가 되는 것입니다. 하나님의 아름다운 선물을 위험한 도구로 전락시켜 버렸습니다.

본래 성적 관심은 자연스러운 것입니다. 어느 방향으로 이 끌어 주어야 하는가가 중요합니다. 성을 아름답게 지켜 내는 일에 결혼은 더욱 중요한 의미를 가집니다. 결혼 제도 안에서의 성, 또 그 성을 통한 사랑만큼 아름다운 것은 없습니다. 물론 결혼에서 육체적 연합이 전부는 아닙니다. 다만 육체적 연합은 내적인 연합으로 나아가는 통로입니다.

기독교 역사 속에서 성의 문제는 신학적으로 발전되어 왔습니다. 성을 영성 훈련의 방편으로 삼고 또 신앙과 육체의 조화를 이루고자 했습니다. 여기서 우리에게 과제가 될 매우 중요한 태도는 성을 우상화하거나 혹은 죄악시하는 것 모두 건강한 태도가 아니라는 것입니다. 단순한 성적 행위가 아니라 더 깊은 친밀함 안으로 나아가는 통로가 되어야 합니다. 친밀함 없이 육체적 행위만 있으면 그것을 사랑이라고 할 수 없습니다. 아가서는 아름다운 사랑을 가르쳐 줍니다.

그런데 사랑은 단순하지 않습니다. 사랑은 단순히 행위만이 아니라 전인적인 것입니다. 사랑은 기술이 아닙니다. 상대를 일방적으로 소유하려고 하면 사랑은 깨집니다. 마음이 다치면 몸을 움직일 수 없습니다. 마음이 활짝 열려야 사랑을 나눌 수 있습니다. 그래서 진정한 연합, 진정한 하나 됨은 감정과 의지와 몸 전체를 포함하는 것입니다.

매우 중요한 주제는 '친밀감'입니다. 거짓 친밀감이 있습니다. 친밀하지 않으면서 친밀한 척 하는 것입니다. 참된 친밀함이 아닌 것으로 만족을 얻으려 하는 관계는 오래가지 못합니다. 결혼의 관계 안에 있으면서도 친밀함이 없다면 매우 위험한 상태라고 할 수 있습니다.

아가서가 우리에게 가르치고자 하는 것은 무엇입니까? 아가서는 연애서가 아닙니다. 우리는 아가서를 통해 결혼이라는 사랑의 관계를 통하여 하나님과의 친밀함 안으로 들어가는 것에 대해 배웁니다. 신앙생활에서 하나님과의 친밀함이 빠져 버리는 순간 신앙은 종교 생활로 전락해 버린다는 사실을 배웁니다.

친밀감은 은밀한 장소에서 이루어집니다

아가서 3장에서는 초점을 신랑 솔로몬에게 맞췄습니다. 그런데 이제는 신부에게로 초점이 옮겨집니다. 사랑이 어떻게 완성되어 가는가를 우리에게 보여 줍니다.

드디어 결혼식이 끝났습니다. 결혼식은 요란하고 분주하고 때로는 피곤하기도 합니다. 그 분주한 일들을 뒤로하고 이제 신랑과 신부 둘만 남게 되었습니다. 지극히 개인적이고 은밀한 시간이 온 것입니다. 이곳은 제3자의 침입이 철저히 차단된 곳입니다. 사적 공간입니다. 그런데 아가서를 접하는 우리 모두에게 이 은밀하고 사적인 공간이 조용히 열려 있습니다. 이것은 단순한 호기심이나 관음이 아니라 묵상으로의 초대입니다.

아가서는 솔로몬과 술람미 여인의 결혼 이야기만을 다루고 있는 것이 아닙니다. 이 결혼의 사건을 통해 하나님과 인간이 얼마나 깊이 연합할 수 있는가를 가르쳐 주고 있습니다. 인간의 성적인 사랑의 원형은 하나님에 대한 사랑입니다. 그 하나님의 사랑으로 이끌어 가기 위해 인간의 사랑을 다리로, 통로로 삼아 가르치고자 하고 있습니다. 사랑이 어디까지 이를 수 있는가, 절정이 어디까지인가, 온전히 하나가 된다는 것은 어떤 것인가를 묻게 합니다. 주님과 교제하며 얼마나 깊은 곳까지 들어가 보았는가 하는 것입니다.

신앙의 깊이가 바로 여기에서 옵니다. 요한복음에서 "영생은… 예수 그리스도를 아는 것"(17:3)이라고 말합니다. 여기에서 '안다'는 표현은 굉장히 깊이가 있는 단어입니다. 아담이 하와와 동침하였다고 했을 때 이 '안다'라는 단어가 쓰였습니다. 가벼운 만남의 앎이 아닙니다. 주님과의 친밀함이 우리의 신앙을 끌어가는 힘입니다. 왜 신앙이 흔들립니까? 문제는 주님과 나의 관계가 얕기 때문입니다.

그리스도와의 친밀한 연합은 비밀스러운 공간에서 일어납니다. 공개된 곳은 요란하고 소음이 많습니다. 구약 시대 성전도 마찬가지입니다. 이방인의 뜰, 유대인의 뜰은 시끄럽습니다. 그러나 지성소 안으로 들어가면 거룩하신 하나님과 일대일로 만나는 독대의 장소가 펼쳐집니다.

사람들의 시선을 의식하고 노출된 곳에서는 주님과 깊은 대화가 쉽지 않습니다. 물론 평소에 깊은 주님과의 관계를 맺는 사람은 어디에 있든, 시장터에 있든, 공항에 앉아 있든 주님과의 교제로 금방 들어갈 수 있습니다. 그러나 훈련이 되지 않은 사람은 어렵습니다. 그래서 우리는 봉사도 하고 각종 모임도 하고 예배도 빠지지 않지만, 그런 행위로 주님과의 친밀하고 깊은 만남을 보장할 수 없습니다. 도리어 방해가 될 때도 있습니다.

사역을 하다 보면 분주하고 피곤해집니다. 하나님과 관련된 일이지만, 정작 하나님과 멀어지는 요소가 그 분주함 안에 산적합니다. 신랑과 신부의 가장 친밀하고 깊은 교제는 결혼식 이후에 이루어지듯이, 봉사와 사역의 분주함을 뒤로하고 은밀하고 조용한 공간으로 나가야 합니다. 드러나지 않은 골방에서 주님과의 가장 친밀한 만남을 기대해야 합니다.

사랑하기 때문에 아름답습니다

내 사랑 너는 어여쁘고도 어여쁘다 너울 속에 있는 네 눈이 비둘기 같고 네 머리털은 길르앗 산 기슭에 누운 염소 떼 같구나 아 4:1

신랑이 신부를 극찬하고 있습니다. 아가서 4장은 사랑하는 이의 육체적 아름다움을 하나하나 묘사하는 시적 찬가입니다.

사랑하는 이를 바라보며 눈에서부터 가슴에 이르기까지 찬찬히 묘사하고 있습니다. 신랑의 첫 번째 반응은 감탄입니다. 강력한 끌림의 상태에서 나타나는 반응입니다. 과연 술람미 여인이 그렇게 아름다웠을까요? 분명한 것은 신랑의 눈이 '사랑의 눈'으로 열려 있다는 것입니다. 한창 때의 사랑입니다.

여기서 우리는 솔로몬에게 배웁니다. 가장 먼저 상대의 아름다움을 칭송해야 한다는 것입니다. 외모에 대한 평가가 아닙니다. 자신의 취향을 언급하는 것도 아닙니다. 솔로몬은 신부를 분석하지 않습니다. 설명하려고 하지 않습니다. 상대를 고치려고도 하지 않습니다. 있는 그대로를 칭찬합니다. 아름답다고 말합니다. 기쁨으로 바라보며 칭송합니다. 아름다움을 표현하는 것은 매우 중요합니다. 미술관에서 걸작품을 볼 때 우리는 감탄합니다. 꽃을 보아도 감탄합니다. 아름다움에 대한 자연스러운 반응입니다. 아름다운 것은 아름답다고 말할 수 있어야 합니다. 말로 표현해야 합니다. 부부 간에 서로의 마음을 자유롭게 표현하는 가정은 건강한 가정입니다.

기독교는 말의 종교입니다. 하나님은 말로 세상을 창조하셨습니다. 말에는 창조의 역사가 있습니다. 말하지 않으면 아무 일도 일어나지 않지만, 말할 때 역사가 일어납니다. 오늘 세상이 불행한 이유 중 하나는 언어가 오염되어 있기 때문입니다. 죄는 언어의 타락을 가져왔습니다. 바벨탑 사건이 그렇습니다. 불결한 언어는 사랑의 불을 끕니다. 사랑을 불러일으키는 언어를 회복해야 합니다. 그것이 바로 칭찬이고 감탄입니다.

솔로몬은 술람미 여인에게 매혹을 느낍니다. 그러나 그를 유혹이나 조롱거리의 대상으로 보고 있지는 않습니다. 소중한 존재로 받아들입니다. 상대의 몸을 소유화하려 하지 않습니다. 그의 존재 자체를 받아들이는 것입니다. 이것이 매우 중요합니다. 삐뚤어진 성은 육체를 소유하고 지배하려 합니다. 자기 욕망을 위해 상대를 도구화합니다. 한 사람의 인격으로 대하지 않습니다. 여성의 몸은 남성의 만족을 위한 도구가 아닙니다. 여성은 그 자체로 존귀한 존재입니다.

주님과 우리 사이도 마찬가지입니다. 주님은 우리를 인격적으로 대하십니다. 있는 그대로 받아 주십니다. 교회는 그리스도의 몸입니다. 주님은 교회를 아름답다고 말씀하십니다. 이렇게 아름답다고 하시는 그 안에는 십자가가 있습니다.

그러므로 지상의 교회를 함부로 험담하지 마십시오. 때로 교회가 병들어 보일 때도 있고 초라해 보일 때도 있지만, 주님은 그리스도의 몸 된 교회를 아름답다고 하십니다. 여기서 중요한 것은 시선입니다. 상대가 어떻게 생겼느냐보다 어떻게 바라보느냐가 중요합니다. 부모가 자녀를 바라보는 시선이 그렇습니다. 다 예쁩니다. 눈이 작아도 예쁘고, 코가 낮아도 예쁩니다. 할아버지의 눈에 손자는 말로 다할 수 없는 감탄의 대상입니다.

아가서는 사랑하는 이를 바라보는 시선을 중요하게 말합

니다. 사랑하는 곳에 시선이 멈춥니다. 시선이 중요합니다. 다윗은 한순간 시선을 잘못 처리했습니다. 그의 시선이 산만했고, 한순간의 시선이 역사의 변수를 만들어 버렸습니다. 불행의 출발은 시선의 파괴였습니다. 밧세바 사건이 그 결과였습니다. 인생이 무너지는 순간이었습니다.

우리는 외모지상주의 시대를 살아갑니다. 외모지상주의의 위험은 몸과 인격을 분리시키는 것입니다. 외모로 비교하고 평가하며, 몸을 탐하고 집착하며, 몸을 소비하고 소모품으로 전락시키는 문화입니다.

아가서의 사랑은 다릅니다. 아름다워서 사랑하는 것이 아니라, 사랑하기 때문에 아름답다고 말합니다. 진짜 사랑은 그렇습니다. 아름다운 상대를 '찾는 것'이 아니라, 아름다운 존재로 '만들어 가는 것'입니다. 주님이 우리를 대하시는 방식이 그렇습니다. 우리가 흠이 없고 아름답기 때문에 부르신 것이 아닙니다. 흠이 많지만 사랑하시기 때문에 아름답게 빚어 가십니다.

주님이 우리를 걸작품이라 하십니다

솔로몬은 술람미 여인의 몸이 아니라 존재 전체를 받아들이고 기뻐합니다. 사랑하는 이와의 관계 안에서는 표정, 음성, 몸짓, 모든 것이 포함됩니다. 그래서 아가서에는 몸에 대한 구체적인 표현들이 나옵니다.

1절에서 솔로몬은 술람미 여인을 향해 "너울 속에 있는 네 눈"이라고 표현합니다. 면사포를 쓴 듯한 신비로움을 암시합니다. 이전에 신부가 신랑의 눈을 비둘기에 비유했다면, 이제 신랑이 그 표현을 돌려줍니다. 다음은 머리카락입니다. 긴 머리카락이 윤기 있게 어깨 위로 흘러내리는 모습을 보며 "길르앗 산 기슭에 누운 염소 떼" 같다고 말합니다. 멀리서 바라보면 염소 떼가 골짜기를 가로질러 흘러내리듯 좌우로 갈라져 내려오는 모습이 장관이었다는 것입니다.

그후 2절부터 5절에 이르기까지 신랑의 시선이 계속 이동합니다. 눈에서 머리카락으로, 이로, 입술로, 뺨으로, 목으로, 가슴으로 이어지면서 신체 일곱 부분을 언급합니다. 대충 "아름답구나" 하고 넘어가는 것이 아닙니다. 입술은 홍색 실 같고 뺨은 석류 한 쪽 같다고 합니다. 그 밖에도 여인을 묘사한 문장들이 매우 구체적이고 화려합니다. 음미하듯 읽게 됩니다.

이 표현들 안에는 음흉함이나 저급함이 전혀 없습니다. 사랑하는 이의 매력에 대한 솔직한 인정과 기쁨이 넘칩니다. 풍자적으로 읽으면 어색해질 수 있으나, 있는 그대로 읽는 것이 시에 대한 태도입니다. 꽃을 보며 아름답다고 말하는 것이 자연스러운 것처럼, 결혼 관계 안에서 누리는 성적 기쁨은 창조주가 주신 선물입니다.

놀라운 것은 서로에게 부끄러움이 없다는 점입니다. 창세기에서도 아담과 하와가 벌거벗었으나 부끄러워하지 않았다고 말합니다(창 2:25). 아담도 하와를 향해 "이는 내 뼈 중의 뼈요

살 중의 살이라"(창 2:23)면서 감탄합니다. 인류 최초의 시입니다. 시는 감정을 언어로 승화한 것입니다. 솔로몬도 사랑하는 이에 대한 감탄과 기쁨을 표출하지만, 결코 부끄러워하거나 주저하지 않습니다. 사랑의 자연스러운 장면입니다. 창조의 작품 중에서도 걸작을 바라보는 것입니다.

구원은 죄 문제만 해결하는 것이 아닙니다. 구원은 죄로 인해 훼손된 아름다움을 회복해 줍니다. 우리는 그리스도의 신부로 다시 회복한 존재입니다. 우리를 향한 주님의 마음은 기쁨 그 자체입니다.

> 너의 하나님 여호와가 너의 가운데에 계시니 그는 구원을 베푸실 전능자이시라 그가 너로 말미암아 기쁨을 이기지 못하시며 너를 잠잠히 사랑하시며 너로 말미암아 즐거이 부르며 기뻐하시리라 하리라
>
> 습 3:17

주님은 우리를 바라보며 경탄하십니다. 우리가 그리스도 안에서 새로운 피조물이 되었기 때문입니다.

> 이는 곧 물로 씻어 말씀으로 깨끗하게 하사 거룩하게 하시고 자기 앞에 영광스러운 교회로 세우사 티나 주름 잡힌 것이나 이런 것들이 없이 거룩하고 흠이 없게 하려 하심이라 엡 5:26-27

주님이 교회를 "티나 주름 잡힌 것이나 이런 것들이 없이

거룩하고 흠이 없게" 세우신다고 말합니다. 우리는 아직 진행 중입니다. 왕을 만나기 직전입니다. 성화의 작업이 계속 이루어지고 있습니다. 마치 왕을 만나기 전 에스더와 같은 상태입니다.

신랑이 무엇을 원합니까? 6-7절에 보면 기다림의 시간이 지나갔고, 그림자가 지며 저녁이 되었습니다. 방 안은 짙은 향기로 가득합니다. 직접적인 성적 언어를 쓰지 않지만, 향기, 산, 언덕, 기쁨 같은 표현으로 농밀한 사랑을 전합니다. 아가서는 4장에서 절정으로 접어듭니다. 두 사람은 서로 마음껏 즐거움을 만끽합니다.

하나님과의 관계가 깊어질 때 모든 문제가 해결됩니다

여기서 놓치지 말아야 할 질문이 있습니다. 왜 유대 공동체는 유월절에 아가서를 낭독했을까요? 아가서를 통해 무엇을 얻고자 했을까요? 무덤덤한 의식과 형식으로만 가득한, 제도화된 종교를 깨뜨리기 위함이었습니다. 왜 신앙생활이 따분해졌습니까? 내용은 사라지고 껍데기만 남은 것은 아닙니까? 주님을 처음 만났을 때는 뜨거웠습니다. 경이로움과 환희가 있었습니다. 그런데 어느 순간 냉담해지고, 틀에 박힌 반복적 종교생활 속에서 신앙의 활력을 잃어버립니다. 경이로움과 신비로움이 사라지고 형식만 남습니다.

부부 관계도 비슷합니다. 어느 순간 서로에 대한 경이로움이 사라지고 기대감이 없어집니다. 가슴 떨림이 사라지고 모든 것이 의무가 됩니다. 마음 없는 행위만 남고 권태가 찾아옵니다. 감탄하는 일이 오래전에 멈춘 것입니다.

결국 어디로 빠집니까? 외도입니다. 외도는 단순히 성적 행위만을 말하지 않습니다. 부부의 관계 바깥에서 즐거움을 찾고자 하는 모든 행위가 외도가 될 수 있습니다. 왜 외도가 많습니까? 부부 관계에서 만족이 없기 때문입니다. 대체물을 찾는 것입니다. 그러나 어디에서도 참 만족을 찾을 수 없습니다. 결국 몸과 마음과 가정이 망가집니다. 신성한 언약이 깨지고 헤어지게 됩니다.

유혹이 강해서 헤어지는 것이 아닙니다. 부부 관계 안에서의 사랑이 약했기 때문입니다. 아가서는 내향적이고 친밀하고 개인적인 책입니다. 아가서 안으로 들어가면 환희와 경이로움, 솟아오르는 열정, 아름다움에 대한 감탄이 회복됩니다. 그래서 아가서는 영적 회복의 길로 우리를 안내합니다. 하나님은 인간을 사랑하는 존재로 만드셨고, 그 사랑을 부부 관계 안에서 최고의 기쁨으로 누리도록 디자인하셨습니다.

> 여호와 하나님이 이르시되 사람이 혼자 사는 것이 좋지 아니하니…
> 이러므로 남자가 부모를 떠나 그의 아내와 합하여 둘이 한 몸을 이룰
> 지로다 창 2:18a, 24

한 남자와 한 여자가 만나 완성으로 나아가는 것이 하나님의 창조 질서입니다.

부부 관계의 사랑을 더 깊이 들어가 보면, 그 뿌리에는 하나님의 사랑이 있습니다. 사랑의 원형은 하나님입니다. 하나님의 사랑을 모르고는 사랑을 말할 수 없습니다. 인간의 성적인 사랑 역시 하나님의 사랑을 설명하기 위한 하나의 통로입니다. 우리는 오리지널 사랑을 배워야 합니다. 우리가 깊이 경험할 사랑은 하나님과의 관계에서 먼저 일어나야 합니다.

아가서 안에서의 성적 표현을 통해 하나님이 말씀하시려는 것은 무엇입니까? 결혼은 "둘이 한 몸을 이룰지로다"라는 경이로움입니다. 하나님이 디자인하신 성은 환희와 즐거움과 온전한 연합을 이룹니다. 두 사람의 전 존재가 하나가 되는 신비입니다. 그리고 이 신비는 주님과 우리의 관계로 끌고 가기 위한 것입니다.

기도 생활이 어디까지 들어갈 수 있습니까? 깊은 연합입니다. 아가서의 시작은 입맞춤이었습니다. 결혼은 입맞춤으로 끝나지 않습니다. 더 깊이 들어가 완전히 하나가 됩니다. 우리의 신앙도 어디까지 들어가야 합니까? 많은 사람이 마치 엄마에게 필요한 것을 달라고 칭얼대는 기도의 초입 수준에 머물러 있습니다. 어떤 사람은 아직 입맞춤조차 하지 못한 것처럼, 주님을 향한 진실한 고백을 한 번도 하지 못한 사람도 있습니다. 하나님과 단둘이 함께 있어 본 적이 없고, 사랑을 나눌 밀실 자체가 없습니다. 지성소가 없습니다. 친밀해질 수가 없습니다. 그러니 신앙이 피상적이고 공허해질 수밖에 없습니다.

친밀해지면 어떤 일이 일어납니까? 두 사람에게 언어가 필요 없습니다. 말을 하지 않아도 감정이 전달됩니다. 함께 있는 것 자체가 즐겁습니다. 강박이 없습니다. 두려움이 없습니다. 서로를 밀어내지 않습니다. 충분히 받아줍니다. 그 안에 평안과 안식과 기쁨이 있습니다. 말을 많이 하지 않아도 됩니다. 그분과 내가 하나가 되는 것입니다.

친밀함을 경험하지 못한 그리스도인이 많습니다. 불행한 일입니다. 뜨거운 사랑만으로는 안 됩니다. 화끈하게 사랑하고 쿨하게 헤어지는 경우가 얼마나 많습니까? 누구나 젊은 날에는 뜨겁게 사랑한 적이 있고, 누구나 한때는 신앙이 뜨거웠습니다. 그러나 친밀함은 자동으로 이루어지지 않습니다. 노력해야 합니다. 성령 안에서 오감을 열어 귀를 기울여야 합니다. 영적 민감성을 키워 가야 합니다. 무엇보다 친밀함을 방해하는 요소들을 제거해야 합니다. 죄에 대한 민감성이 높아져야 합니다. 친밀해질수록 더 민감해집니다.

하나님은 질투하시는 하나님이십니다. 하나님이 아닌 것들에 마음을 빼앗기는 것을 주님은 원치 않으십니다. 우리는 삶의 순간순간 하나님의 임재 경험을 이어 가야 합니다. 말씀에 몰두해야 합니다. 모든 순간 하나님과의 대화가 이루어져야 합니다. 영의 세계가 열려 있으면 가능합니다. 기도의 세계가 달라집니다. 친밀함에서 오는 기쁨과 만족은 큽니다.

신앙은 하나님과의 관계가 갈수록 더 깊어져 가는 여정입니다. 주님과의 친밀한 교제 안에서 모든 것이 흘러나옵니다. 친밀함은 매우 중요한 단어입니다. 친밀한 관계가 아니면 아는 것이 아닙니다. 종교적 겉치레만 요란할 뿐입니다. 친밀해져야 그 안에서 모든 것을 누릴 수 있습니다. 기도는 친밀한 관계 안에서 이루어지는 일입니다. 기도는 영적 친밀감에 있어 매우 중요한 영역입니다. 기도할 때 하나님과의 관계가 깊어집니다. 깊은 안식, 깊은 만족, 충분한 즐거움, 삶의 생동감과 활력이 위로부터 주어집니다. 우리가 주님과 더욱 친밀해질 때 비로소 세상에 대한 갈망이 사라지고 방황이 끝납니다.

친밀한 관계가 아닌 주고받는 관계라면 거래입니다. 늘 필요를 구하는 방식으로만 기도한다면, 거기에는 친밀함이 없습니다. 상업적 거래는 필요할 때만 만나며 공식적인 자리에서만 만납니다. 개인적인 만남은 거북해합니다. 몸만 요구하는 관계는 이미 빗나간 사랑이며, 천박한 사랑입니다. 친밀함은 인격 대 인격의 만남입니다. 존재와 존재의 만남입니다. 서로의 존재 전체를 받아들이는 것입니다.

오늘날 우리의 신앙이 세속의 힘을 이기지 못하는 이유가 무엇입니까? 우리의 신앙이 너무 가벼워졌기 때문입니다. 그리스도와의 결합이 약합니다. 우리는 돈과 결혼하고, 성공과 동거합니다. 주님과의 은밀한 동행이 없습니다. 내밀하고 친밀한 교제가 없으면 영적 기력이 없습니다. 결국 세속적인 존재로만 남게 됩니다.

부부 관계 안에 거짓된 친밀감으로는 세상의 유혹을 버텨내기 어렵습니다. 다른 곳에서 친밀감을 누리려 하면 부부 관계는 깨어집니다. 신앙도 취미 수준의 신앙으로는 이 세상을 이길 수 없습니다. 물고기가 탁류 속에서 살면 힘을 잃고, 결국 휩쓸려 떠내려가 죽습니다. 맑은 물줄기를 찾아야 합니다. 일급수의 영적 물줄기를 찾아야 합니다.

그리스도는 밭에 감추인 보화와 같습니다. 숨어 있습니다. 교회 생활만 하는 것을 신앙의 전부로 여기지 마십시오. 형식적인 기도 생활을 중단하십시오. 공허한 예배를 드리는 행위를 멈추십시오. 이름만 있는 신자 생활을 멈추십시오. 그 정도로는 세상을 이길 수 없습니다. 살아 있는 영적 교제가 깊어져야 합니다.

주님이 우리를 그분의 품으로 초청하십니다

내 신부야 너는 레바논에서부터 나와 함께 하고 레바논에서부터 나와 함께 가자 아마나와 스닐과 헤르몬 꼭대기에서 사자 굴과 표범 산에서 내려오너라 아 4:8

신랑은 신부를 더 깊은 세계로 부릅니다. 솔로몬은 술람미 여인에게 "나와 함께 가자"고 합니다. 그는 "나와 함께"라는 표현을 두 번 반복해서 강조합니다. 더 깊은 경험 안으로 초대하는 말입니다. 8절 이후에도 아가서 4장은 전체적으로 신랑과 신부의 깊고 친밀한 관계를 나누는 장면으로 이어집니다. 아름답고 즐겁고 만족스러움의 극치입니다. 부부가 서로를 더 깊이 원하는 모습입니다. 이렇듯 하나님은 결혼제도 안에서 목마름과 갈증이 채워지도록 남녀의 하나됨을 디자인하셨습니다.

그러나 부부 간의 만족은 육체의 하나됨이 다는 아닙니다. 물론 깊은 성적 만족과 기쁨은 큽니다. 세상은 그것이 전부인 것처럼 속입니다. 그러나 그것은 우리를 하나님에게로 인도하는 통로 역할을 할 뿐입니다. 더 깊은 세계가 있습니다. 하나님만이 모든 갈망을 궁극적으로 만족시키실 수 있는 분입니다. 하나님을 온전히 경험하면 다른 것이 필요 없게 됩니다. 모든 목마름이 사라집니다.

세상의 유혹을 이기려고 노력만 한다고 되겠습니까? 진짜를 맛보아야 합니다. 태양이 떠오르면 다른 빛들이 맥을 못 추는 것처럼, 주님을 깊이 만나는 것입니다. 주님이 우리를 초대하십니다. "나와 함께 가자"고 말씀하시며 주님 안으로 깊이 초대하십니다. 들어오라는 것입니다. 내 안에 빠지라는 것입니다. 푹 잠기라는 것입니다. 내 안에 머물러 있으라는 것입니다. 주님은 마르지 않는 생수가 되십니다. 우리의 영혼을 충분히 만족시키는 은혜가 있습니다.

우리 순례자의 여정은 거칠고 힘듭니다. 유혹도 많습니다. 누가 주님과 동행의 삶을 끝까지 걸어갈 수 있습니까? 주님과 깊은 사랑의 관계 안에서 충분히 채워진 사람입니다. 주님과 나의 관계가 "이보다 더 좋을 수 없다"라고 고백할 수 있는 단계까지 나아가야 합니다.

세상과 사탄이 침상을 더럽히기 위해 달려듭니다. 침상이 더럽혀지면 그때부터 끝입니다. 하나님과 나와의 교제의 자리를 지켜내는 것, 주님과의 친밀한 관계를 다른 어떤 것에도 내어주지 않는 것이 영적 전투의 최전선입니다.

하나님과 나만의 사랑을 나누는 비밀 정원이 있습니까? 하나님과 나만의 깊은 시간으로 나아가는 성소가 있습니까? 밀실이 있습니까? 그 밀실에서 주님과 나만의 깊은 사랑의 관계 안에 빠져들어 "이보다 더 좋을 수 없다"라고 하는 참된 만족을 누릴 때, 이 세상의 어떤 유혹도 이겨 내며 끝까지 승리하는 그리스도인으로 살아가게 될 줄로 믿습니다.

chapter 11.

늦지 않게 문을 열라 ✱

2 내가 잘지라도 마음은 깨었는데 나의 사랑하는 자의 소리가 들리는구나 문을 두드려 이르기를 나의 누이, 나의 사랑, 나의 비둘기, 나의 완전한 자야 문을 열어 다오 내 머리에는 이슬이, 내 머리털에는 밤이슬이 가득하였다 하는구나

3 내가 옷을 벗었으니 어찌 다시 입겠으며 내가 발을 씻었으니 어찌 다시 더럽히랴마는

4 내 사랑하는 자가 문틈으로 손을 들이밀매 내 마음이 움직여서

5 일어나 내 사랑하는 자를 위하여 문을 열 때 몰약이 내 손에서, 몰약의 즙이 내 손가락에서 문빗장에 떨어지는구나

6 내가 내 사랑하는 자를 위하여 문을 열었으나 그는 벌써 물러갔네 그가 말할 때에 내 혼이 나갔구나 내가 그를 찾아도 못 만났고 불러도 응답이 없었노라

7 성 안을 순찰하는 자들이 나를 만나매 나를 쳐서 상하게 하였고 성벽을 파수하는 자들이 나의 겉옷을 벗겨 가졌도다

8 예루살렘 딸들아 너희에게 내가 부탁한다 너희가 내 사랑하는 자를 만나거든 내가 사랑하므로 병이 났다고 하려무나

언약은 어떤 순간에도 깨트릴 수 없습니다

결혼은 매우 중요한 언약적 사건입니다. 그래서 결혼은 언약의 기초 위에 세워집니다. 단순히 연애하는 것과는 다릅니다. 결혼은 실험이 아닙니다. 살아 보다가 맞으면 계속 살고, 맞지 않으면 헤어지는 방식으로 접근할 수 있는 일이 아닙니다.

결혼은 물건처럼 사고팔거나 주고받는 성격의 일이 아닙니다. 결혼의 언약은 하나님 앞에서 하는 것입니다. 또한 증인들이 함께하는 자리에서 이루어져야 하며, 사사롭게 처리할 수 있는 일이 아닙니다. 결혼식은 '우리끼리'만의 일이 아니라 공적 사건입니다. 그래서 결혼은 공적으로 이루어져야 합니다.

살아가다 보면 마음이 멀어질 때가 있습니다. 결혼생활은 만만하지 않습니다. 늘 알콩달콩 살면 얼마나 좋겠습니까? 그러나 결혼은 현실입니다. 살다 보면 헤어질 만한 일들이 일어나고, 위기의 순간들이 찾아옵니다. 그 위기의 순간에 언약(covenant)이 중요합니다. 하나님 앞에서, 사람들 앞에서 했던 그 언약이 결국 안전 그물망과 같습니다. 위에서 떨어져도 받아주는 안전 그물망처럼, 두 사람의 결심만으로는 지켜 내기 어려운 것이 결혼입니다.

처음 사랑이 식기도 하고, 권태기가 찾아오기도 합니다. 냉각기를 넘어 때로는 혹한기도 옵니다. 시베리아가 따로 없습니다. 현대 사회 문화는 힘들면 헤어지라고 부추깁니다. "감옥 같은 가정에서 벗어나라"고 말합니다. "맞지도 않는 사람과 그렇게 힘들게 살지 말고 네 인생을 살아라"고 합니다. 실제로 이른바 황혼 이혼도 늘어났습니다. 세상은 결혼에 있어 언약이 있는지 없는지도 모릅니다. 하지만 언약은 결혼의 핵심입니다. 이 언약 사상은 성경의 핵심 주제 중 하나입니다.

성경은 하나님과 이스라엘 백성을 언약적 관계로 묶으셨

습니다. 그래서 하나님과 이스라엘의 관계를 남편과 아내, 신랑과 신부의 관계로 설명하는 것입니다. 하나님의 편에서 이 사실은 아주 분명합니다. "나는 너희의 하나님이 되고 너희는 내 백성이 될 것이다." 이 언약의 개념은 구약 성경을 관통하는 핵심 주제입니다. 언약은 계약을 맺는 것과는 다른 차원입니다. 계약은 파기할 수 있지만, 언약은 쉽게 파기할 수 없습니다. 하나님이 주도하시는 것이기 때문입니다. 우리의 편에서 깰 수가 없습니다. 하나님의 언약은 "너를 결코 놓지 않겠다, 너희를 포기하지 않겠다, 너희를 버리지 않겠다"는 그분의 마음 표현입니다. 이 언약의 특징은 한 번 체결되면 그 순간부터 끝까지 간다는 것입니다. 그래서 하나님의 언약은 영원합니다.

이것을 잘 보여 주는 책 중 하나가 호세아서입니다. 하나님과 이스라엘의 언약을, 결혼한 부부의 관계로 비유합니다. 선지자 호세아의 아내 고멜이 가출하고, 방탕하게 삽니다. 임신한 채 돌아오기도 합니다. 그런데 하나님은 호세아에게 '그를 받아들이라'고 하십니다. 말씀에 순종하여 호세아는 아내를 용서하고 또 품습니다. 그런데 고멜은 또 가출합니다. 또 아이를 배어 옵니다. 그런데도 하나님은 다시 받아들이라고 하십니다. 그 반복되는 과정을 통해 하나님은 호세아에게 이스라엘을 향한 당신의 마음을 드러내십니다.

여기서 우리가 확인하는 것은 하나님의 언약입니다. 언약에는 비가 오나 눈이 오나, 바람이 부나, 병들 때나 건강할 때나,

죽음이 갈라놓기 전에는 함께하겠다는 하나님의 뜻이 담겨 있습니다. 그럼에도 너희를 포기하지 않겠다는, 우리를 향하신 하나님의 단호하심입니다. 그리스도인의 결혼은 하나님의 언약과 연결되어 있습니다. 그러므로 우리도 결혼이라는 언약에 이러한 하나님의 뜻을 담아야 합니다. 어느 순간에도 서로를 포기하지 않겠다는 단호함을 가지고 서로를 맞아야 합니다.

이기심은 틈을 벌립니다

5장에 들어서며 둘 사이에 위기가 찾아옵니다. 앞서 3장에서도 위기가 한 번 있었습니다. 그런데 그때보다 더 심각한 위기입니다. 위기란 단 한 번만 오는 것이 아니라 반복됩니다. 결혼식이 끝이 아닙니다.

> 내가 잘지라도 마음은 깨었는데 나의 사랑하는 자의 소리가 들리는구나 문을 두드려 이르기를 나의 누이, 나의 사랑, 나의 비둘기, 나의 완전한 자야 문을 열어 다오 내 머리에는 이슬이, 내 머리털에는 밤이슬이 가득하였다 하는구나 아 5:2

웬일인지 술람미 여인이 혼자 침상에 누워 있습니다. 남편이 보이지 않습니다. "내가 잘지라도 마음은 깨었는데"라는 표현은 아직 푹 잠을 잘 수 없는 상태입니다. 반쯤 잠이 들었지만 반쯤은 깨어 있는, 약간은 비몽사몽한 상태입니다. 무슨 이유인지 사랑하는 이는 늦게 귀가한 것 같습니다. 그래서 문을 두드리며 열어 달라고 간청합니다.

남편은 문 밖에서 오래 서 있었던 모양입니다. 머리털에 밤이슬이 가득하답니다. 무슨 이유에선지 술람미 여인은 신랑이 문을 두드린다는 것을 아는데 빨리 나가서 문을 열어 주지 않습니다. 남편을 바깥에 오래 세워 두었습니다.

완전히 깨지도, 완전히 잠들지도 않은 상태가 어떤 상태입니까? 시험에 들기 딱 좋은 순간입니다. 결혼 관계도 마찬가지입니다. 다소 졸리고 긴장이 풀린 상태, 민감함이 떨어지는 상태입니다. 겉으로는 문제가 없어 보입니다. 외견상으로는 모든 것이 현상 유지로 잘 돌아가는 것 같습니다. 그런데 바로 이런 상태에서 문제가 생깁니다.

우리의 신앙 여정에서도 시험에 들 때가 있습니다. 언제입니까? 영적으로 졸음 상태에 있을 때입니다. 겟세마네 동산에서 예수님은 제자들을 계속 깨우셨습니다. 그러나 그들은 졸다가 깨다가를 반복했고, 결국 위기를 맞습니다.

> 내가 옷을 벗었으니 어찌 다시 입겠으며 내가 발을 씻었으니 어찌 다시 더럽히랴마는 아 5:3

술람미 여인의 반응이 상쾌하지 않습니다. 나는 이미 잠자리에 들었으니 문을 열러 가기가 번거롭다는 말입니다. 다시 일어나려면 옷도 챙겨 입어야 하고, 발도 다시 더러워질 것 같다는 것입니다. 행동할 수는 있으나 행동하기를 꺼리는 상태, 머뭇거리는 상태를 나타냅니다. 한마디로 말하면 '귀찮다'는 것입니다. 한때는 그토록 열정적이었던 그가 갑자기 이렇게 변했습니다. 이전 같으면 달려 나갔을 것입니다. 문고리도 걸어 두지 않았을 것입니다. 그러나 지금은 그냥 누워 있고 싶습니다. 사랑이 이렇습니다. 한때는 뜨거웠는데, 어느 순간 그가 없어도 살 것 같은 느낌이 들기도 합니다. 전에는 만날 날만 기다렸는데, 이제는 만나자고 해도 시큰둥해집니다.

우리의 주님에 대한 태도도 비슷합니다. 한때는 뜨거웠습니다. 철야예배, 새벽예배도 빠지지 않았습니다. 예배 시간에 늦는 것은 상상할 수 없었습니다. 앞자리를 놓친 적이 없었습니다. 눈물과 콧물로 예배드렸던 때가 있었습니다. 주님의 몸된 교회를 위하여 몸을 던졌고, 만사를 제치고 성경공부 수업도 들으러 다녔습니다. 그런데 어느 날부터인가 시큰둥해집니다. 무관심해집니다. "추운데 뭘 새벽에 나가는가. 나도 다 해봤다. 그냥 쉬게 내버려둬라"고 말합니다. 그런 것은 초신자들이나 하는 것이라고 여깁니다. 편안하게 살고 싶고, 피곤하고, 귀찮습니다. 기도 자체가 하기 싫어집니다. 옛날에는 추운 겨울 마룻바닥에서도 기도했고, 산상기도도 빠져 본 적이 없었습니다. 그런데 지금은 주일 예배를 겨우 지키는 것으로 만족하기도 하고, 컨디션이 조금만 좋지 않아도 온라인으로 예배드리기도 합니다.

사랑은 수고가 필요합니다. 사랑은 희생을 요구합니다. 내가 편안한 쪽을 고집하면 사랑은 멀어집니다. 나 중심에서 상대 중심으로 가야 사랑이 유지됩니다. 그래서 이기심이 문제입니다. 이기심이 끼어들면 관계는 멀어지고, 깨집니다. 위기가 옵니다. 결혼은 내 행복만을 위해 존재하는 것이 아닙니다. 물론 행복은 중요합니다. 그러나 내 행복에 집착하면, 행복도 사랑도 달아납니다. 사랑에는 수고가 따릅니다. 게으르면 사랑할 수 없습니다. 사랑을 유지하기 위해서는 대가를 지불해야 합니다.

잠시 벌어진 틈이 무섭습니다. 약간의 공백기, 약간의 냉각기, 약간의 결별이 생기면 그 틈이 위험해집니다. 나중에 그 틈을 메꿀 수 있을지 없을지 아무도 모릅니다. 한 번 멀어진 것을 가까이 당기기 어렵고, 한 번 차가워지면 다시 불을 일으키기 어렵습니다. 교회도 마찬가지입니다. 한 번 차가워지기 시작하면 다시 일으키기 어렵습니다. 사랑의 불은 언제든지 꺼질 수 있습니다. 그래서 건강한 신앙생활은 부지런해야 합니다. 쉽게 변질되기 때문입니다.

오늘날은 세속화가 강력한 시대입니다. 우리의 영을 둔감하게 만들고 흐리게 하는 공격들에 둘러싸여 있습니다. 그러므로 잠시라도 소극적인 태도를 가지면 죄성의 지배가 달려듭니다. 하나님으로부터 멀어지고, 세상의 잡다한 것들이 눈앞에서 어른거립니다. 그렇게 조금씩 무너집니다.

제가 아는 어느 성도는 참 열심이었습니다. 항상 활기차고 기도 생활도 열심이어서 눈에 띄었습니다. 그런데 어느 날부터 보이지 않았습니다. 어느 날 전화가 와서 식사를 하자고 했습니다. 그런데 그가 스포츠카를 타고 왔습니다. 알고 보니 사업이 너무 잘되어 엄청난 돈을 벌었고, 신앙생활이 뜸해진 것이었습니다. 식사 이후에도 그는 한참 동안 보이지 않았습니다. 그런데 세월이 흐른 어느 날, 그가 다시 새벽예배에 나타났습니다. 기도 소리가 얼마나 우렁찬지 그의 존재가 확실히 드러났습니다. 알고 보니 사업이 망한 것이었습니다. 다시 만났을 때 그는 다소 겸손해져 있었습니다.

벌어진 틈을 메꾸는 것은 쉬운 일이 아닙니다. 부부의 사랑도, 우정도, 교우와의 관계도, 하나님과의 관계도 사랑의 수고가 필요합니다. 영적 몸부림이 필요합니다.

주님을 문밖에 오래 세워 두지 마세요

오늘날 우리의 영혼을 잠들게 하려는 문화가 가득합니다. 그런데 신랑은 두드리고, 부르고, 기다립니다. 그가 신부를 부르는 호칭들을 보십시오. "나의 누이, 나의 사랑, 나의 비둘기, 나의 완전한 자야" 온갖 애칭을 다 사용합니다. 하지만 신부는 문을 열어 주지 않습니다. 마음이 이전과 같지 않습니다.

성경에서 드러나는 '기다리시는 아버지'는 어떤 분입니까?

문전박대를 당하시는 분, 멸시와 천대를 받으시는 분, 자기 백성에게 환대를 받지 못하시는 분입니다. 차가운 밤이슬에 젖어 있는 신랑의 모습은 우리를 기다리시는 하나님 아버지의 모습이요, 늘 거절당하시는 그리스도입니다.

우리는 생각보다 많이 주님의 음성을 놓칩니다. 우리도 모르는 사이에 놓칩니다. 큐티를 매일 해도 하나님의 음성을 놓칠 수 있습니다. 그래서 성경은 계속 말합니다. "귀 있는 자는 들을지어다." 예수님의 제자들도 주님의 말씀을 놓쳤습니다. 십자가의 길을 계속 말씀하셨지만 듣지 못했고, 결국 십자가 앞에서 처절하게 실패했습니다.

나는 어떻습니까? 주님을 문 밖에 세워 두고 있지는 않습니까? 요한계시록은 "네가 이같이 미지근하여 뜨겁지도 아니하고 차지도 아니하니 내 입에서 너를 토하여 버리리라"(3:16)라고 경고합니다. 이것은 미지근한 상태에 있던 라오디게아 성도들에게 하는 경고입니다. 주님의 음성을 놓치면 라오디게아 교회의 모습이 됩니다. 냉랭한 교회, 영적 온도가 현저히 떨어진 상태입니다. 건물도 있고 예배도 드리지만, 예배는 메말라 영적 건조증에 시달리고, 하나님의 임재 감각을 상실합니다. 예배는 형식화되고 성도들의 얼굴에서 온기가 사라지고, 교회의 활력은 찾아보기 어려워집니다. 기도 모임은 있어도 생명력이 없고, 모든 활동이 짐이 됩니다. 무엇이 문제입니까? 주님이 배제된 채 돌아가기 때문입니다. 주님의 임재를 느낄 수 없기 때문입니다. 주님을 문 밖에 세워 두었기 때문입니다.

늦지 않게 지금 움직여야 합니다

내 사랑하는 자가 문틈으로 손을 들이밀매 내 마음이 움직여서 아 5:4

술람미 여인의 마음이 움직였습니다. 신랑은 어떻게 해서라도 들어가려고 문틈에 손을 들이밀었습니다. 신랑의 간절함이 보입니다. 감사하게도 신랑의 마음이 닫히지 않았습니다. 주님은 우리 안에 들어오시고자 포기하지 않으시는 분입니다. 집요하게 기다리시는 분입니다. 그리고 그때 술람미 여인의 마음이 움직였습니다. 꼼짝도 하지 않던 마음이 갑자기 급해졌습니다. 늦었지만 다행입니다. 사랑은 한쪽의 노력만으로 되지 않습니다. 서로의 마음이 열려야 합니다.

일어나 내 사랑하는 자를 위하여 문을 열 때 몰약이 내 손에서, 몰약의 즙이 내 손가락에서 문빗장에 떨어지는구나 내가 내 사랑하는 자를 위하여 문을 열었으나 그는 벌써 물러갔네 그가 말할 때에 내 혼이 나갔구나 내가 그를 찾아도 못 만났고 불러도 응답이 없었노라 아 5:5-6

술람미 여인은 마침내 일어나 문을 엽니다. 그런데 늦었습니다. 그는 벌써 물러갔습니다. "내 혼이 나갔구나"라는 표현은 마음의 충격을 시적으로 과장하여 표현한 것입니다. 부부 사이에서 벌어진 틈은 생각보다 빠르게 벌어질 수 있습니다. 한 번 멀어진 관계가 더 나아지지 않는 경우도 있습니다. 그러므로 항상 준비된 상태로 있어야 합니다. 사랑할수록 민감하게 반응해야 합니다. 즉각적으로 반응해야 합니다.

교제를 방해하는 것들을 빨리 제거할수록 좋습니다. 두 사람의 관계보다 더 우선적인 것은 없습니다. 그런데 각자가 자기 일에 바빠 함께하는 시간이 줄어들고, 관심이 달라지면 동행이 어려워집니다. 한 번 멀어진 관계를 복구하는 일은 어렵습니다. 시간은 빠르게 흘러가고, 되돌릴 수 없습니다. 소원해진 관계, 멀어지는 관계를 방치하면 뼈아픈 대가를 치르는 날이 옵니다. 우리는 분주한 시대를 삽니다. 무엇인가에 쫓기며 친밀함을 누리는 시간의 절대 부족을 경험합니다. 배우자와의 시간은 뒤로 미루고 미뤄 우선순위에서 늘 밀립니다.

주님과의 시간도 마찬가지입니다. 주님과 친밀함을 누리는 시간은 너무도 귀중합니다. 그 시간을 통해 은혜를 수시고, 살아갈 힘을 얻게 하시며, 은혜를 누리게 하십니다. 그 시간은 '은혜의 젖줄'과 같습니다. 그런데 풍성한 은혜를 누릴 때는 그 귀중함을 잘 모릅니다. 그것이 당연한 일상인 줄로 여깁니다. 그래서 '다음에, 다음에' 하며 하나님을 찾는 일을 계속 미룹니다. 그러다가 어느 순간 '은혜 받고 싶다'라고 느끼지만 그럴 만한 여건이 허락되지 않을 때가 있습니다. 우리가 은혜를 받을 시절이 있고, 신앙의 전성기가 있습니다. 늘 수직 상승만 하지 않습니다. 개인의 신앙도 교회도 마찬가지입니다.

> 성 안을 순찰하는 자들이 나를 만나매 나를 쳐서 상하게 하였고 성벽을 파수하는 자들이 나의 겉옷을 벗겨 가졌도다 _아 5:7_

술람미 여인은 갑자기 마음이 다급해집니다. '그가 벌써 물러갔다'는 사실 앞에서 공허와 적막이 밀려오고, 위기감을 느낍니다. 사랑하는 이가 없는 싸늘하고 텅 빈 공간에 홀로 남아 있는 감정은 공포감마저 듭니다.

주님의 문 두드림에 반응하지 않으면 하나님이 사라지신다기보다, 숨으실 수 있습니다. 우리가 보지 못하는 것입니다. 신자라면 하나님과 분리되지 않습니다. 문제는 그분을 인식하지 못하는 것입니다. 마치 떨어진 것 같은 느낌에 사로잡힙니다. 주께서 얼굴을 숨기실 때가 있습니다.

그래서 술람미 여인은 방 안에 머물고 싶어 하던 마음을 내려놓고, 사랑하는 이를 찾기 위해 나섭니다. 성 안의 순찰자들을 만납니다. 그런데 그들이 술람미 여인의 옷을 벗겨 던지고 상하게 합니다. 도움은커녕 피해를 입습니다.

여기서 안타까운 것은 타이밍이 늦었다는 점입니다. 진작 문을 열었어야 했습니다. 조금만 일찍 열었더라면, 이런 후회는 줄었을 것입니다. 주님과의 관계가 멀어진 이후의 삶에는 후회가 남고, 그때부터 삶은 황폐해집니다. 삶 전체가 뒤로 미끄러지기도 합니다.

무엇이 문제였습니까? 내가 원하면 언제든지 기회가 있을 것이라고 생각한 것입니다. 은혜의 계절이 있습니다. 하나님이 은혜를 주실 때가 있습니다. 그러나 꽃이 필 때가 있는가 하면 질 때가 있으며, 열매를 맺을 때가 있습니다. 뜨거울 때도 있지만, 황폐함으로 스산해질 때도 있습니다. 이 사실을 알아야 합니다. 금방 알아채야 합니다. 절망의 때에 주저앉아 울지만 말고 늦지 않게 일어나 하나님을 찾아 나서야 합니다.

오직 주님만이 우리의 갈망을 채우십니다

예루살렘 딸들아 너희에게 내가 부탁한다 너희가 내 사랑하는 자를 만나거든 내가 사랑하므로 병이 났다고 하려무나 아 5:8

마지막으로 술람미 여인은 간청합니다. 누구든 내 님을 만나면 내 마음을 전해 달라는 것입니다. 사랑으로 병이 났다고 합니다. 병의 원인이 사랑입니다. 그를 만나고 싶은 마음이 극에 달한 상태를 표현합니다. 만나지 않으면 살 수 없을 것 같은 마음입니다.

전에는 일시적으로 무관심했습니다. 그러나 지금은 아닙

니다. 위기를 겪고 나서 정신을 차려 보니, 이 일이 보통 일이 아닙니다. "사랑하므로 병이 났다"는 말은 그에게 완전히 사로잡힌 상태를 뜻합니다. 그에게 압도된 상태, 사랑에 매인 상태, 그가 없이는 단 한순간도 살 수 없는 상태입니다. 위기를 만나고 난 다음, 사랑하는 이를 향한 갈망이 이전보다 더 커졌습니다. 술람미 여인이 지금 영적으로 깨어났습니다.

하나님의 사랑이 얼마나 큰지를 경험해 본 사람은, 그분의 부재로 인한 고통을 견디기 어렵습니다. 그 고통이 클수록 갈망은 더 커집니다. 이제는 주님이 있어도 되고 없어도 되는 수준이 아닙니다. 안 계시면 견딜 수 없습니다. 그분의 부재는 존재 전체를 흔듭니다. 우리는 종종 하나님이 주시는 '무엇'에 관심을 두고 거래하듯 기도합니다. 그러나 그분의 부재 속에서 우리의 고백은 "오직 당신입니다"가 되어야 합니다. 다른 것은 없어도 됩니다. "당신만 있으면 됩니다"라는 깊은 고백이 우리의 마음에서 흘러나와야 합니다. 여기서부터는 적당한 만족으로 끝나지 않습니다. 더 깊은 갈망으로 나아갑니다.

결혼과 연애는 다릅니다. 완벽한 결혼은 없습니다. 결혼을 동화 속 환상으로 생각해서는 안 됩니다. 이상적인 결혼을 꿈꾸는 것은 자유지만, 환상은 오래가지 않습니다. 결혼은 현실이며 문제는 늘 일어납니다. 예상하지 못한 문제들이 발생하고, 사사로운 일들로도 다투며, 말로 인한 전쟁이 이어지기도 합니다. 기대감이 무너지고 관계가 멀어질 때가 있습니다. "결혼이 이런 것이었나, 당신이 이럴 줄 몰랐다”는 탄식이 나오기도 합니다.

완벽한 배우자는 존재하지 않습니다. 누구나 약점이 있고 실수합니다. 실망하고 좌절하기도 합니다. 사랑의 감정이 급격히 식기도 하고, 부부의 마음이 싸늘해지기도 합니다. 우리의 삶과 가정과 신앙에도 위기가 찾아옵니다. 언제 가장 위험합니까? 우리가 졸거나 잠들 때입니다. 가장 위험한 전조는 영적 갈망이 식는 것입니다.

무갈증 상태라는 것이 있습니다. 갈증을 느끼지 못하는 상태입니다. 갈증을 느끼면 물을 마시면 되는데, 무갈증이면 물을 마시지 않습니다. 문제는 자신이 무갈증 상태에 있다는 사실을 모른다는 점입니다. 그 결과는 치명적일 수 있습니다. 영적 세계에서도 마찬가지입니다. 영적인 갈증이 전혀 없고 친밀한 관계에 대한 갈증을 전혀 느끼지 않는다면, 신앙에 심각한 손상을 입은 상태입니다. 무감각이 무서운 병입니다. 경고음이 울리지 않으면 위험합니다.

하나님은 우리를 갈망하는 존재로 만드셨습니다. 갈망은 무엇인가를 추구하게 만듭니다. 목이 마르면 물을 찾고 배가 고프면 음식을 찾습니다. 문제는 죄로 인해 그 갈망의 방향을 놓쳐 버리는 것입니다. 엉뚱한 것을 갈망하다가 인생이 망가지기도 합니다. 그릇된 욕망은 채워지지 않습니다. C. S. 루이스는 “이 세상이 채워 줄 수 없는 갈망이 내 안에 있는 것은 내가 다른 세상을 위하여 지음을 받았기 때문이다"라고 말했습니다. 또한 《영광의 무게》에서 "세상의 문제는 행복에 대한 추구가 너무 강한 데 있지 않고, 오히려 너무 약한 데 있다"고 말합니다. 갈망이 너무 약하기 때문에 허접한 것들로 만족해 버린다는 뜻입니다. 참된 갈망은 결국 하나님을 향합니다.

부부 관계에도 방해물이 많고, 하나님과 우리 사이를 방해하는 일들도 많습니다. 죄는 '하나님 없이도 살 수 있을 것 같다'는 마음입니다. 어느 순간부터 하나님에 대한 갈망이 식어 버리고, 간절히 찾지 않게 됩니다. 그러나 주님은 말씀하십니다. "누구든지 목마르거든 내게로 와서 마시라"(요 7:37). 주께로 오는 자에게 생수의 강이 흘러나오게 하십니다. 그런데 마음이 닫혀 있고 갈망이 식어 있는 자에게는 단 한 방울도 들어오지 않습니다.

지금은 영성을 유지하는 것 자체가 어려운 시대입니다. 기본을 유지하는 것도 어렵습니다. 변질은 나도 모르게 찾아옵니다. 그러므로 마음의 눈을 활짝 열고, 주님의 음성에 귀를 기울여야 합니다. 우리의 영혼이 주님을 향하여 갈망해야 합니다. 그 갈망이 식지 않기를 바랍니다.

술람미 여인이 사랑으로 병이 났다고 고백한 것처럼, 우리도 "내게는 주님밖에 없습니다. 주께 더 가까이 가기를 원합니다. 더 깊이 당신의 존재 안으로 나아가겠습니다"라고 고백하기를 바랍니다. 이 갈망이 삶 속에서 식지 않기를 바랍니다. 그

갈망을 가지고 살아갈 때, 생수의 강이 흘러넘치는 풍성한 은
혜가 우리 안에 넘치게 될 것입니다. 그리고 이 세상을 능히 이
기는 주의 백성으로 살아가게 될 줄로 믿습니다.

part 4.

죽음조차 이기는 사랑

chapter 12

아름다움으로 시선을 빼앗다 ✽

아름다움으로 시선을 빼앗다 ✽

4 내 사랑아 너는 디르사 같이 어여쁘고, 예루살렘 같이 곱고, 깃발을 세운 군대 같이 당당하구나

5 네 눈이 나를 놀라게 하니 돌이켜 나를 보지 말라 네 머리털은 길르앗 산 기슭에 누운 염소 떼 같고

6 네 이는 목욕하고 나오는 암양 떼 같으니 쌍태를 가졌으며 새끼 없는 것은 하나도 없구나

7 너울 속의 네 뺨은 석류 한 쪽 같구나

8 왕비가 육십 명이요 후궁이 팔십 명이요 시녀가 무수하되

9 내 비둘기, 내 완전한 자는 하나뿐이로구나 그는 그의 어머니의 외딸이요 그 낳은 자가 귀중하게 여기는 자로구나 여자들이 그를 보고 복된 자라 하고 왕비와 후궁들도 그를 칭찬하는구나

10 아침 빛 같이 뚜렷하고 달 같이 아름답고 해 같이 맑고 깃발을 세운 군대 같이 당당한 여자가 누구인가

주님이 우리를 주목하십니다

내 사랑아 너는 디르사같이 어여쁘고, 예루살렘같이 곱고, 깃발을 세운 군대같이 당당하구나 아 6:4

이번에도 솔로몬이 술람미 여인을 향하여 말합니다. 그의 외모에 대한 감탄이 반복됩니다. 이것은 무의미한 되풀이가 아

님니다. 반복되지만 점점 더 깊어져 갑니다.

솔로몬은 디르사, 예루살렘, 깃발을 세운 군대를 들어 술람미 여인을 묘사합니다. 참으로 멋있는 시입니다. 여기서 "디르사"는 기쁨, 달콤함, 아름다움, 장엄함, 사랑스러움 같은 이미지를 담고 있습니다. 디르사는 오므리 왕이 사마리아를 세우기 전까지 북이스라엘의 수도였습니다. 이곳의 특징은 정원이 많았다는 것입니다. 풍부한 숲이 많은 아름다운 곳이었습니다. 솔로몬은 술람미 여인을 그 아름다움에 비유했습니다. 또 "예루살렘같이 곱"다고 합니다. 예루살렘은 이스라엘의 수도요, 솔로몬 제국의 중심지였습니다. 특별히 하나님이 거하시는 곳을 상징하는 곳입니다. 그리고 "깃발을 세운 군대같이 당당하"다고 합니다. 깃발을 펄럭이며 앞으로 진군하는 승리한 군대의 모습은 상상만으로도 벅찹니다.

이러한 솔로몬의 감탄 섞인 묘사는 그리스도께서 그의 백성들을 보시는 시선이라 할 수 있습니다. 그리스도께서 교회와 성도를 바라보실 때, 이렇게 바라보시는 것입니다. 그리스도의 눈에 비친 우리는 아름다운 신부입니다. 사랑스럽지만 동시에 위엄에 찬 모습입니다. 그것이 그리스도인과 교회의 모습이라고 할 수 있습니다.

그동안 신랑과 신부는 우여곡절을 겪었습니다. 그러나 지금도 신랑은 신부를 향해 부드러운 음성으로 찬사를 보냅니다. "너는 아름답다. 너는 참으로 사랑스럽다"고 말합니다. "나의 사랑, 나의 신부, 나의 어여쁜 자야"라고 말합니다. 아가서는 음성으로 시작해서 음성으로 끝납니다. 그 음성은 무엇입니까? 신부와 신랑이 서로를 칭송하는 것입니다. 비록 위기가 있었지만, 솔로몬은 지금도 여전히 술람미 여인을 향하여 "아름답다"라고 말합니다. 이것은 주님이 우리를 바라보시는 시선입니다. 그 시선은 어제나 오늘이나 변함이 없습니다.

> 네 눈이 나를 놀라게 하니 돌이켜 나를 보지 말라 네 머리털은 길르앗 산 기슭에 누운 염소 떼 같고 아 6:5

5절은 앞에서도 나왔던 표현입니다. 여기에서 "네 눈이 나를 놀라게 하니"라는 대목이 눈에 띕니다. 여기에는 '눈빛에 압도당했다'는 의미가 있습니다. 아울러 '동요되었다' '깊이 감동받아 마음이 움직였다'는 뜻도 있습니다. 이것이 무슨 말입니까? 신랑이 신부의 눈빛에 마음을 온통 빼앗겼다는 말입니다. 깜짝 놀랐다는 것입니다.

수님도 우리를 바라보시며 그런 감동을 느끼십니다. 주님이 우리를 보시며 놀라고 기뻐하신다는 말이 어색할 수 있습니다. 우리는 종종 "우리가 하나님께 압도당한다"라고 말합니다. 그런데 오히려 하나님이 우리의 시선에 압도당하신다니, 잘못된 해석인가 싶습니다. 그러나 전혀 그렇지 않습니다. 우리의 아름다움은 모두 주님으로부터 나온 것입니다. 완전하신 주님, 세상 무엇보다 아름다우신 주님이 나를 통해 드러나는 것입니다.

그러므로 우리가 우리 자신을 바라보는 시선에도 변화가 필요합니다. 주님의 시각으로 나를 바라보아야 합니다. 이것이 복음을 경험한 사람들에게 일어나는 변화입니다. 주님은 우리 존재 자체를 기뻐하십니다. 우리가 무엇을 하느냐, 무엇을 했느냐가 아니라, 우리 자체를 사랑하시는 것입니다. 우리가 주님의 기쁨입니다. 이것이 우리를 향하신 하나님의 시선입니다.

예배를 드릴 때에도 우리의 갈망이 표현됩니다. 그래서 예배자의 눈이 중요합니다. 하나님은 그 눈빛을 아십니다. 우리가 얼마나 주님을 사모하고 갈망하는지, 그 눈빛을 통해 드러납니다. 그러므로 예배란 무엇입니까? 하나님의 시선과 우리의 시선이 마주치는 순간입니다. 5장에서 술람미 여인은 "내가 사랑하므로 병이 났다"고 했습니다. 그런데 이 병을 앓고 난 후 솔로몬을 바라보는 그의 시선이 이전보다 강렬해졌습니다. 우리도 그렇습니다. 위기를 지나고 난 다음에 더 강렬하게 주님을 사모하게 됩니다. 그래서 신앙의 핵심은 '바라봄'입니다. 주목하는 것입니다. 누구를 주목합니까? 하나님을 주목합니다.

기도란 무엇입니까? 하나님께 주목하는 것입니다. 그런데 주목은 어렵습니다. 기도를 한 시간, 두 시간 해 보십시오. 주목이 얼마나 어려운지 알게 됩니다. 훈련되지 않은 사람은 하고 싶어도 주목할 수 없습니다. 그런데 한 시간, 때로는 두 시간, 수 시간 동안 하나님을 주목한다고 생각해 보십시오. 어떤 일이 일어나겠습니까? 하나님을 기쁘게 만든 사람의 인생은 완전히 달라집니다.

하나님을 주목하고 관조할 때, 시선이 흩어지지 않고 그분께만 머물러 있을 때, 우리는 그분 안에 깊이 뿌리를 내립니다. 요한복음의 표현으로 말하면 "그가 내 안에, 내가 그 안에"(요 15:5) 거하는 경험을 합니다. 우리의 시선이 주님께 압도당할 때, 하나님은 우리의 시선에 압도당하십니다. 주목은 영성의 중요한 훈련입니다. 신앙생활, 기도생활을 오랫동안 깊이 해 온 사람들은 주목하는 법을 익혔기 때문에 아무리 앉아 있어도 지루하지 않습니다. 오히려 너무 좋고, 행복하고, 시간이 날 때마다 그런 시간을 갖고 싶어합니다.

예배란 무엇입니까? 주님을 기쁘시게 하는 일입니다. 우리가 하나님을 바라보는 것보다 더 중요한 것은 하나님이 우리를 바라보시는 것입니다. 하나님이 우리 모습에 시선을 빼앗기셨습니다. 교회의 아름다움에 마음을 빼앗기셨습니다. 참된 예배와 살아 있는 교회는 주님을 갈망합니다. 주님은 그런 교회를 "아름답다"라고 하십니다. 계속 칭송하십니다.

사랑 고백은 매일 해도 과하지 않습니다

네 이는 목욕하고 나오는 암양 떼 같으니 쌍태를 가졌으며 새끼 없는
것은 하나도 없구나 너울 속의 네 뺨은 석류 한 쪽 같구나 아 6:6-7

6-7절은 4장 2-3절과 비슷합니다. 반복하는 것 같지만, 의미 없는 반복은 아닙니다. 우리가 사랑의 언어를 반복하는 이유는 그것이 매력 중의 매력이기 때문입니다. 또 사랑이 변하지 않았고 견고하다는 뜻입니다. 사랑하는 사람을 향해 사용하는 호칭은 쉽게 바꾸지 않습니다. 기분이 상했다고 해서 휴대전화에 저장된 "내 사랑"을 지워 버리고 다른 이름을 쓰지 않습니다. 사랑은 일관됩니다.

사랑의 언어는 반복되어야 합니다. 아무리 들어도 질리지 않습니다. 반복에는 힘이 있습니다. 한 번의 고백으로 사랑이 깊어지지 않습니다. 관계가 깊어지려면 사랑의 언어를 반복해야 합니다. 사랑의 언어는 강력합니다. '사랑한다'는 고백은 결혼식 날만 하는 말이 아닙니다. 반복해서 말해 줌으로써 사랑이 변하지 않았음을 언어로 드러내야 합니다.

주님의 우리를 향하신 사랑도 변하지 않습니다. 그것이 하나님의 속성입니다. 변함없는 사랑입니다. 반면 우리의 편에서는 늘 변화무쌍합니다. 오락가락합니다. 넘어지고 실수합니다. 그때 마음에 불안이 생깁니다. 그리고 마귀가 "너는 사랑받

을 수 없는 존재야"하며 참소합니다. 우리도 스스로 하나님의 사랑을 받을 자격이 없다고 생각하며, 자격지심과 자기 연민에 빠질 때가 많습니다. 그러나 그렇지 않습니다. 하나님은 여전히 우리에게 사랑스럽다고 하십니다. 우리는 부족하고 넘어지지만, 신분은 변하지 않습니다. 넘어졌을 때 우리는 십자가 앞으로 나아가야 합니다. 십자가 앞에 나아갈 때 죄책감과 수치심이 녹아서 사라집니다. 주님은 "나는 너를 결코 포기하지 않는다"라고 말씀하십니다.

우리는 사랑을 잘 의심합니다. 그래서 사랑의 언어를 반복해야 합니다. 부부간에도 사랑의 언어를 반복해야 합니다. 힘들고 어려울 때일수록 "사랑한다"는 말을 더 많이 해야 합니다. 자녀들에게도 마찬가지입니다. 실수했을 때도 "사랑한다"고 말해야 합니다. 성적이 좋지 않을 때도 "너는 여전히 내 사랑하는 아들이요, 딸이다"라고 말해야 합니다.

성도들 간에도 서로 사랑의 언어를 사용해야 합니다. 격려하고, 인정하고, 칭찬해야 합니다. 오늘날 세상은 얼마나 살벌합니까? 폭력적인 언어가 넘칩니다. 욕설이 난무합니다. 좋은 기사 밑에도 부정적인 댓글이 달립니다. 그러나 주님은 여전히 "너는 나의 거룩한 신부다"라고 말씀하십니다. 우리는 이 신분을 붙들어야 합니다. 이 신분은 우리가 만들어 낸 것이 아닙니다. 그리스도께서 우리에게 주신 정체성입니다. 우리가 거룩해서 거룩한 것이 아니라, 그리스도께서 거룩하다고 하셔서 거룩해진 것입니다. 그래서 주님께 우리는 언제나 아름답고 어여쁜 신부입니다. 사랑받는 신부는 다른 누구의 아름다움과도 비교할 수 없습니다.

우리는 모두 주님의 하나뿐인 신부입니다

왕비가 육십 명이요 후궁이 팔십 명이요 시녀가 무수하되 내 비둘기, 내 완전한 자는 하나뿐이로구나 그는 그의 어머니의 외딸이요 그 낳은 자가 귀중하게 여기는 자로구나 여자들이 그를 보고 복된 자라 하고 왕비와 후궁들도 그를 칭찬하는구나 아 6:8-9

왕비가 60명이요 후궁이 80명이라고 합니다. 이것만 해도 어마어마한데, 시녀가 무수하다고 합니다. 엄청난 광경입니다. 거기다 다들 왕비요 후궁이라면 그 외모가 출중할 것입니다. 그런데 솔로몬은 뭐라고 합니까? 그 모든 여인들보다 술람미 여인이 탁월하다고 합니다. 그의 아름다움은 단연 독보적입니다. 확연히 눈에 띕니다. 누구와도 비교할 수 없습니다. 솔로몬의 표현은 거침이 없습니다. 솔로몬에게는 술람미 여인뿐입니다.

9절에서 솔로몬은 "내 비둘기, 내 완전한 자"라고 말합니다. "완전한 자"라는 표현은 아무 곳에나 붙일 수 없습니다. 누가 완전할 수 있습니까? 우리는 완전하지 않습니다. 그런데도 그렇게 불릴 수 있는 근거는 하나님이 우리를 선택하셨기 때문입니다. 하나님이 우리를 '완전한 자'라고 불러 주셨기 때문입니다. 그리스도가 우리를 '성도'라고 불러 주셨습니다.

그리고 솔로몬은 술람미 여인을 향해 "하나뿐"이라고 말합니다. 여럿 중 하나가 아니라는 뜻입니다. 특별하다는 것입니다. 사랑하는 사람을 만나 결혼하면 그 후로는 제아무리 아름다운 사람을 만나도 배우자와 비교해선 안 됩니다. 비교할 이유도 의미도 없습니다. 남편들이 아내를 바라보아야 할 시각이 이것입니다. 아내만 보는 것입니다. 다른 사람들은 아내 때문에 시야가 가려 보이지 않는 것입니다. 아내 외에 다른 곳에 눈길을 돌리지 않는 것입니다.

"하나뿐"이라는 단어는 아가서를 통틀어 이번 구절에서 처음 등장합니다. "하나"라는 말에는 "너는 나의 전부"라는 뜻이 담겨 있습니다. 그리스도의 사랑이 그렇습니다. 그분의 우리를 향하신 사랑은 나뉘지 않습니다. 제한이 있어서 몇 명이 나누어 가져야 하는 사랑이 아닙니다. 불특정 다수에게 무작위로 던져 "알아서 가져가라"는 식의 사랑이 아닙니다.

그분의 사랑은 한계가 없습니다. 그런 사랑이 오직 한 사람, 나만을 위해 존재하듯 사랑하십니다. 지구에 존재하는 인간이 나 하나뿐이었어도 하나님은 나를 위해 독생자를 보내셨을 것입니다. 그만큼 주님은 한 존재를 귀히 여기십니다. "한 영혼이 천하보다 귀하다"는 표현은 한 영혼에 대한 하나님의 집념이 얼마나 강한가를 보여 줍니다. 누가복음 15장의 잃은 양 비유에서, 한 마리의 양을 찾기 위해 99마리를 들에 두고 끝내 찾아내는 집념이 주님의 마음입니다. 양이 천 마리, 만 마리여도 포기하지 않으시는 이유는 그 한 마리를 유일한 존재로 보시기 때문입니다. 주님은 우리를 무리 중 하나로 보지 않으십니다. 주님의 눈에는 딱 한 사람입니다.

9절에서 솔로몬은 술람미 여인을 향한 사랑을 더 깊이 있게 표현합니다. 그를 향해 "그의 어머니의 외딸이요 그 낳은 자가 귀중하게 여기는 자"라고 말합니다. 부모가 해산의 고통으로 낳은 자식이니 이보다 더 소중할 수 있습니까? 보배 중의 보배입니다. 누구와 비교하겠습니까? '사랑스럽다'는 표현으로도 모자랍니다.

주님이 우리를 보시는 눈이 이렇게 특별합니다. 아이들은 시선이 산만하지만, 엄마의 시선은 자녀에게 집중되어 있습니다. 주님도 온 우주 만물과 세상의 많은 아름다움이 있어도, 오직 관심은 하나입니다. 주님의 교회입니다. 그분의 백성들입니다. 세상의 모든 것을 다 합해도 그리스도의 신부 된 교회와 견줄 수 없습니다. 이것은 언약의 관계 안에서 확인됩니다. 그리스도의 신부 된 교회가 얼마나 소중한지 말입니다. 그리스도에게 신부는 오직 하나입니다. 그러므로 우리의 교회를 바라보는 태도도 달라져야 합니다. 우리 자신도 존귀하게 여겨야 합니다. 주님이 그렇게 바라보시기 때문입니다.

그리스도의 몸이 교회입니다. 주님은 비록 승천하셨지만, 몸을 지상에 남겨 두셨습니다. 그 몸이 교회입니다. 우리가 그 지체입니다. 지체 가운데 귀중하지 않은 것은 없습니다. 손가락 끝도 귀중하고, 발톱 하나도 귀중합니다. 그러므로 교회론적인 눈이 열리면 성도와 공동체를 바라보는 관점이 달라집니다. 모두가 너무 소중해집니다.

그런데 고린도교회는 그 눈을 놓쳤습니다. 지체들끼리 비교하고 경쟁하고 시기하고 질투했습니다. 몸이 몸을 내치는 것입니다. 그것은 자학입니다. 수영로교회에는 좋은 문화가 있습니다. 환대하는 문화입니다. 특별새벽기도회 기간에 주일학교 아이들과 청년들이 앉아 있으면 박수를 쳐 줍니다. "애들은 저리 가라" 하지 않습니다. 주일 예배에서도 신생아를 축복합니다. 짧은 시간이지만 한 생명을 온 공동체가 환대합니다. 박수를 치며 "너는 소중하다, 너는 어여쁘다, 너는 특별하다, 너는 존귀하다"고 말해 줍니다. 우리는 이것을 놓치지 말아야 합니다.

그러나 성도들이 많이 모이면 놓치기 쉬운 것이 있습니다. 물량화, 수량화의 위험입니다. 수의 개념이 들어오면 한 사람의 귀중함이 사라집니다. 숫자가 우상이 될 수 있습니다. 몇만 명이 모이면 무엇하겠습니까? 한 사람에게 주목하지 않으면, 숫자가 우상이 됩니다. 비교와 경쟁의 심리가 들어오면 잔인해집니다. 한 영혼의 소중함을 놓치게 됩니다. 교회에 사랑이 빠지면 숫자로 평가합니다. 조직이 강조되면 이름은 실종되니다. 교회가 거대한 조직체로 변하면 이름이 희미해집니다. 이름이 실종되면 계급과 서열이 강조되고 권력화됩니다.

도시에서 사람들이 우울증을 겪는 이유 중 하나는 자신의 이름을 잃어버렸기 때문입니다. 서로의 이름을 불러 주지 않고, 직급을 부릅니다. 능력이나 브랜드에 파묻힙니다. 그러나 숫자를 세는 것과 이름을 부르는 것은 다릅니다. 사랑은 수가 아니라 이름입니다. 숫자가 오르내리는 곳은 사람을 불안하게 합니다. 이름은 사랑하는 부모가 고민하여 지은 것이며, 개인의 역사입니다. 이름을 불러 주는 것은 그 존재를 받아들이는 것입니다. 부부 관계에서도 그렇습니다. 주님이 소중히 여기시는 분을 우리가 소중히 여기는 것은 당연합니다. 함부로 대할 사람은 아무도 없습니다.

공동체 안에서 우리는 서로를 귀하게 여겨야 합니다. 한 사람을 귀중히 여기는 공동체가 되기는 말로는 쉽지만, 실천하기는 어렵습니다. 한 사람을 존귀하게 여기려면 많은 대가를 지불해야 합니다. 생산성을 따지는 구조에서는 사랑이 낭비처럼 보입니다. 돌아온 아들에게 잔치를 베푸는 아버지의 손에는 계산기가 없습니다. 하나님의 은혜는 낭비처럼 보입니다. 그러나 하나님은 흠이 많고 모순투성이이며 실수가 많은 우리를 향해 말씀하십니다. "너는 나의 하나뿐인 아들이요, 딸이다. 비교 불가다. 나는 너만 보인다. 너는 나에게 특별하다."

왜 십계명에서 "너는 나 외에 다른 신을 두지 말라"고 하셨겠습니까? 하나님은 나 하나만을 사랑하시는 분이며, 질투하시는 하나님입니다. 질투가 없으면 사랑이 아닙니다. 사랑은 거룩함과 연결됩니다. 한 신부만을 사랑하시는 주님이시라면, 우리 역시 한 분 신랑만 모시고 사는 것이 당연합니다.

그리스도의 신부는 존재감이 있어야 합니다

아침 빛같이 뚜렷하고 달 같이 아름답고 해같이 맑고 깃발을 세운 군대같이 당당한 여자가 누구인가 아 6:10

신부의 존재가 너무도 뚜렷하고 분명하게 드러납니다. 아주 멋진 시입니다. "아침 빛같이 뚜렷하"다는 것은 어둠을 물리치며 나온 빛, 강렬하고 당당한 모습입니다. 아침이 동틀 때 얼마나 눈부십니까? 환하고 생기가 넘칩니다. "달같이 아름답"다는 것은 어둠을 비추는 빛입니다. 강하진 않지만 은은하게 길을 밝힙니다.

그렇다면 솔로몬은 왜 신부를 해와 달에 비유했을까요? 해는 낮을 주관하고, 달은 밤을 주관합니다. 해가 없는 낮은 상상하기 어렵습니다. 달빛이 없는 밤은 적막하고 스산합니다. 여기서 우리에게 강조하는 것은 존재감입니다. 하늘의 해와 달은 일부러 의식해야 비로소 깨닫는 존재가 아닙니다. 무시할 수 없는 아우라입니다. 찬란한 영광을 드러냅니다. 아름답고 밝고 매혹적입니다. 누가 봐도 찬탄을 지어냅니다. 그것이 그리스도의 신부들의 모습입니다.

그리스도인이라면 존재감이 있어야 합니다. 품위와 격조와 기품이 있어야 합니다. 말과 행동에 예의와 격식이 드러나야 합니다. 어디에서든 시선을 끌고 사람들의 마음을 사로잡는 힘이 있어야 합니다. 그것을 매력이라고 합니다. 그리스도의 신부는 신랑으로부터 받은 빛을 세상에 투영시키는 존재입니다. 우리가 그리스도의 빛을 끊임없이 받아 왔다면, 그 빛이 우리를 통하여 반사되어야 합니다. 사람들이 "와, 멋지다. 눈부시다"라고 말하게 되는 것입니다.

마지막으로 10절 하반절은 이렇게 말합니다. "깃발을 세운 군대같이 당당한 여자가 누구인가" 4절의 반복입니다. 이것이 절정입니다. 깃발을 세운 군대 역시 확실한 존재감이 있습니다. 신부는 유약하지 않습니다. 부드럽고 아름답기만 한 신부가 아닙니다. 깃발을 든 군대는 세상에서 무시당하거나 조롱받는 모습과 거리가 멉니다. 당당합니다. 위엄에 찬 모습입니다. 이를 영적 권위라고 말할 수 있습니다. 이런 권위는 교회 안에서만 통용되는 것이 아니라, 세상 속에서 확연히 드러나야 합니다. 진짜 영적 권위는 세상에서 발휘되어야 합니다.

우리가 거룩하게 살면 세상 사람들도 무시하지 않게 되어 있습니다. 예를 들어, 내 앞에서 막말을 한다면 나를 무시하는 것입니다. 내 존재감이 확실하다면 막말을 할 수 없습니다. 음담패설도 마찬가지입니다. 내 앞에서는 못합니다.

다만, 군대 같다는 표현을 오해하면 안 됩니다. 당당하다고 해서 거칠고 무서운 사람이 되라는 뜻이 아닙니다. 공격적이고 싸우기를 좋아하라는 말도 아닙니다. 전투적인 사람을 만들라는 말이 아닙니다. 여기서 "깃발을 세운 군대" 같다는 말은 찬사입니다. 품위 있는 위엄을 말합니다. 사랑스럽지만 함부로 대할 수 없는 위엄을 함께 지닌 것입니다. 말씀 가운데 살다 보면, 영적 전쟁에서 거룩을 지켜 낸 자에게 영적 권위가 덧입혀집니다. 위엄이 있다는 것입니다. 깃발을 세운 군대는 승리하는 그리스도인의 이미지입니다. 거룩하게 살면 경외심을 불러일으킵니다. 나이와 상관없습니다.

제가 전도사 시절, 중등부를 맡아 사역하던 때 영적 권위를 가진 학생들을 보았습니다. 제가 전도사인데도 함부로 말을 놓기 어려울 만큼 신실한 학생이었습니다. 나이 때문이 아니라, 말씀에 순종하고 거룩을 지켜 낸 경건의 삶이 쌓여 하늘이 덧입혀 주신 권위가 있었기 때문입니다. 그것은 직분과도 상관없습니다. 경건의 삶이 쌓이면 영적 권위가 됩니다. 주님의 임재 속에 살아가다 보면, 세상에서는 느낄 수 없는 힘이 우리 안에서 흘러나옵니다. 돈과 권력으로 만들어 낼 수 없는 힘입니다. 오늘 우리가 관심을 가져야 할 부분이 이것입니다.

"깃발을 든 군대"는 질서를 뜻합니다. 그리스도의 신부 된 우리가 가는 곳에는 질서가 세워져야 합니다. 원수 마귀가 세상을 어지럽혀 놓은 곳들 안으로 들어가, 그리스도의 깃발을 꽂아야 합니다. 마귀가 두려워 떠나가게 해야 합니다. 그리스도인들은 세상 곳곳에 골고루 들어가서, 마귀가 꽂아 놓은 깃발을 교체하는 일을 해야 합니다.

누가 이 군대를 이끄는지가 모든 것을 결정합니다. 우리의 지휘관은 그리스도이십니다. 우리의 소속은 그리스도의 군대입니다. 주님이 앞장서십니다. 우리는 깃발 든 신부로서 신랑 되신 주님과 보조를 맞추어 행진합니다.

우리가 똑똑하지 않아도 됩니다. 전쟁의 방향과 속도와 전술은 그리스도에게서 나옵니다. 주님은 명령만 하시는 분이 아닙니다. 승리를 위해 기꺼이 목숨을 내어 놓으셨습니다. 십자가로 승리하셨습니다. 그러므로 우리는 이미 승리가 보장된 싸움을 하고 있습니다.

그분은 우리의 구원자이십니다. 우리의 구원은 결코 잃어버리지 않습니다. 그러므로 담대해야 합니다. 주눅 들지 말아야 합니다. 그리스도께서 이끄시는 싸움에는 실패가 없습니다. 이길지 모르는 싸움이 아니라 이미 이긴 싸움입니다. 우리는 주님을 바라보고 따라가기만 하면 됩니다.

우리는 복음의 깃발을 들어야 합니다. 복음은 능력이 있습니다. 복음이 사람을 바꿉니다. 복음만이 세상을 뒤집어 놓을 수 있습니다. 인간이 만든 이론과 이념으로는 되지 않습니다. 복음만이 답입니다.

복음의 깃발을 힘차게 흔들어야 합니다. 복음은 어둠의 왕국과 싸울 가장 강력한 화력입니다. 이 깃발에는 복음이 선명해야 합니다. 복음이 없으면 우리끼리 싸웁니다. 엉뚱한 일에 에너지를 소모합니다. 오늘날 교회 안에 복음이 약해졌습니다. 복음을 너무 가볍게 여기고, 본질을 희석시키는 일이 많아졌습니다. 물 탄 복음은 능력이 없습니다. 예수 그리스도의 피 묻은 십자가의 복음으로 무장해야 합니다. 우리는 그리스도의 깃발 아래 모인 무장된 그리스도인이어야 합니다.

영적 전쟁은 늘 벌어지고 있습니다. 그러므로 그리스도의 신부는 온실 안에서 자라난 화초가 아닙니다. 늘 면사포만 쓰고 손톱에 매니큐어를 바르고 거울만 보는 신부가 아닙니다. 신부의 영성을 지켜 내려면 세상과, 마귀와 싸워 이기는 전투력을 갖추어야 합니다.

죄와 싸우려면 용맹스러움이 있어야 합니다. 세상은 우리를 유약하게 만들기 위해 유혹합니다. 오늘날 신부에게 가장 큰 위협은 세속화입니다. 그리스도의 신부라는 정체성을 흔들어 놓으려고 합니다. 유혹의 덫에 걸려드는 것은 한순간입니다. 아차 하는 순간 영성이 시들시들해집니다. 세상에서 맥을 못 춥니다.

그리스도의 신부로서 고유한 아름다움을 놓치면 추해집니다. 신부는 거룩해야 합니다. 신부의 생명력은 거룩입니다. 신부가 거룩을 잃는 순간 빛과 소금의 맛을 잃어버립니다. 그러면 사람들의 발에 밟힙니다. 여기저기서 무시당하고, 함부로 대함을 당하고, 우습게 여김을 받습니다. 수치를 당합니다. 신부의 고결한 드레스가 더럽혀지는 것입니다.

그러므로 우리는 그리스도의 신부로서의 기쁨과 당당함을 회복해야 합니다. 전신갑주를 입어야 합니다. 영적으로 단단히 무장해야 합니다. 껍데기 신앙으로는 안 됩니다. 건성건성 해서는 신앙생활을 할 수 없습니다. 말씀의 화력을 강화해야 합니다. 성령 안에서 기도해야 합니다. 깊은 영의 세계로 들어가야 합니다. 그리고 영적 야성을 회복해야 합니다. 교회 안에 기도 운동이 더 뜨겁게 일어나야 합니다. 능력은 기도에서 나옵니다. 우리의 기도로 한국 교회의 영적 지형도를 바꾸어야 합니다. 영적 전세의 판도를 바꾸어야 합니다. 형식적인 기도로는 안 됩니다.

기도하지 않으면 전신갑주는 종이 옷입니다. 창과 칼에 힘이 없습니다. 기도하지 않는 교회는 식물인간과 같습니다. 기도하지 않는 성도는 시체와 같습니다. 시체에서는 아무 능력도, 어떤 일도 일어나지 않습니다. 마귀의 밥이 됩니다. 세상의 제물이 됩니다. 적을 공격하기는커녕 자기 손을 벱니다. 그러나 기도하는 그리스도의 신부는 마귀를 떨게 합니다. 하늘이 열리는 기도를 해야 합니다.

오늘날은 영적으로 매우 어두운 시대입니다. 마귀의 공세가 갈수록 세집니다. 전선이 무너지면 안 됩니다. 이제 기도도 연합 전술을 펴야 합니다. 그리스도의 신부 된 교회들이 연합할 때 더 강력한 공세를 펼칠 수 있습니다. 연합이 중요합니다. 마귀가 노리는 것은 뿔뿔이 흩어지게 하는 것이고, 분리시키는 것입니다. 그러므로 우리는 두려워하지 말아야 합니다. 깃발을 높이 들고 당당하게 앞으로 나아가야 합니다. 원수가 두려워 떨며 떠나가는 역사가 일어나야 합니다.

주님은 "깃발을 세운 군대같이 당당한" 그리스도의 신부를 오늘도 찾고 계십니다. 아름답고 당당한 신부로 살아갈 뿐 아니라, 위엄 있는 그리스도의 군사로서 승리의 깃발을 흔드는 신부가 되기를 바랍니다. 여호와 닛시의 하나님을 믿고, 그리스도의 신부라는 정체성을 지켜 나가며, 세상의 곳곳으로 나아가 무질서하고 혼란한 세상 한가운데 하나님의 나라를 이루는 일에 쓰임받기를 축복합니다.

마치 청년이 처녀와 결혼함 같이 네 아들들이 너를 취하겠고 신랑이 신부를 기뻐함 같이 네 하나님이 너를 기뻐하시리라 사 62:5

chapter 13.

사랑이 무르익다 ✽

| 아가 7:1-13 |

¹ 귀한 자의 딸아 신을 신은 네 발이 어찌 그리 아름다운가 네 넓적다리는 둥글어서 숙련공의 손이 만든 구슬 꿰미 같구나

…

⁹ 네 입은 좋은 포도주 같을 것이니라 이 포도주는 내 사랑하는 자를 위하여 미끄럽게 흘러내려서 자는 자의 입을 움직이게 하느니라

¹⁰ 나는 내 사랑하는 자에게 속하였도다 그가 나를 사모하는구나

¹¹ 내 사랑하는 자야 우리가 함께 들로 가서 동네에서 유숙하자

¹² 우리가 일찍이 일어나서 포도원으로 가서 포도 움이 돋았는지, 꽃술이 퍼졌는지, 석류 꽃이 피었는지 보자 거기에서 내가 내 사랑을 네게 주리라

¹³ 합환채가 향기를 뿜어내고 우리의 문 앞에는 여러 가지 귀한 열매가 새 것, 묵은 것으로 마련되었구나 내가 내 사랑하는 자 너를 위하여 쌓아 둔 것이로다

사랑이 춤이 됩니다

아가서 7장은 솔로몬의 술람미 여인을 향한 사랑의 언어들로 시작합니다. 사랑의 시작이 신랑으로부터입니다. 사랑이 어디서부터 출발하느냐, 그 권한의 출처가 어디인가가 참 중요합니다. 하나님과 우리 가운데에서도 사랑의 시작은 언제나 하나님으로부터입니다. 사랑의 출처는 그분에게 있습니다. 그분으로부터 사랑이 흘러나옵니다. 우리가 아무리 사랑하려고 해도 안 됩니다. 우리는 사랑할 능력이 없습니다. 우리에게는 에너

지와 근거가 없습니다.

사랑은 하나님으로부터 시작합니다. 그리고 그 사랑은 변함이 없습니다. 신부는 계속 신랑으로부터 사랑을 받습니다. 신부의 마음은 변할 때가 있습니다. 문을 열어 주지 않기도 하고, 찾아다니기도 합니다. 신부의 마음은 변하지만 신랑의 마음은 변하지 않습니다. 그 사랑은 더 깊어집니다.

> 귀한 자의 딸아 신을 신은 네 발이 어찌 그리 아름다운가 네 넓적다리는 둥글어서 숙련공의 손이 만든 구슬 꿰미 같구나 아 7:1

신부의 신체에 대하여 발끝에서부터 언급합니다. 신부의 육체적 아름다움을 미학적으로 섬세하게 그려 냅니다. 솔로몬은 앞서 비슷한 방식으로 신부의 아름다움을 칭찬했습니다. 7장에서는 발에서 시작하여 머리로 올라가며 모두 열 가지 특징을 다룹니다. 그 아름다움에 대하여 찬사와 기쁨을 표현합니다. 이렇게 사랑은 몸이 포함됩니다. 사랑은 추상적이지 않습니다. 우리의 오감을 통해 사랑은 경험됩니다.

1절에서 "귀한 자의 딸"은 누구입니까? 술람미 여인입니다. 원래는 귀한 자가 아니었습니다. 밭에서 일하던 여인이었습니다. 그런데 아가서 안에서 신부는 '귀한 자의 딸', 다르게 말하면 '왕의 딸'로 불립니다. 상상할 수 없는 신분 상승이 일어난 것입니다. 우리에게 일어난 일과 같습니다.

우리 같은 사람이 그리스도의 신부가 되었습니다. 죄인 중에 죄인이라는 우리의 비천한 신분을 그리스도의 신부로, 하나님의 자녀로 바꿔 주셨습니다. 우리는 왕의 자녀입니다. 우리에게 일어난 이 놀라운 신분의 변화를 실감해야 합니다. 한나의 기도에 이런 고백이 있습니다.

> 가난한 자를 진토에서 일으키시며 빈궁한 자를 거름더미에서 올리사 귀족들과 함께 앉게 하시며 영광의 자리를 차지하게 하시는도다… 삼상 2:8a

한나는 자신을 비천한 신분에서 영광의 자리로 끌어올려 주신 하나님을 노래합니다.

> 그러나 너희는 택하신 족속이요 왕 같은 제사장들이요 거룩한 나라요 그의 소유가 된 백성이니… 벧전 2:9a

1절에서는 특별이 신발에 대한 이야기를 합니다. 당시 문화에서는 남자든 여자든 샌들을 신은 발을 매력적이고 세련되었다 여겼습니다. 오늘날처럼 유행이 많고 문화가 발달한 시대가 아니었기에, 멋을 내는 요소 중 샌들은 귀중품이었습니다. 때로는 신발에 여러 액세서리를 달아 장식하기도 했습니다. 솔로몬은 술람미 여인의 다리를 보며 숙련된 공예가의 손에 의해

빚어진 장식 같다고 합니다. 아마도 지금 술람미 여인은 샌들을 신고 보석 장식을 달고 아름다운 옷을 입고 춤을 추고 있는 것 같습니다. 신부는 춤을 통해 부드러운 동작으로 육체적 아름다움을 신랑 앞에 드러냅니다. 그는 석고상이 아닙니다. 움직임 가운데 아름다움이 드러납니다.

1절 전체에서 곡선, 색채, 향기, 생명력 등이 묘사됩니다. 춤추는 동작은 활력이 넘치는 모습을 연상케 합니다. 보석 장식이 좌우로 흔들리듯 그의 움직이는 동작이 왕의 눈을 기쁘게 합니다. 온몸의 장식이 반짝이며 흔들리고, 보는 이를 즐겁게 합니다. 그 안에서 우리는 생명력을 느낍니다. 생기가 넘치고 자유롭고 밝은 모습, 넘치는 기쁨이 드러납니다. 신부의 아름다움이 감춰지지 않고 드러납니다.

신랑의 사랑을 받은 신부가 온몸으로 그 사랑을 표현하고 있습니다. 그래서 몸 전체에 리듬이 생깁니다. 우리가 하나님의 사랑을 받고 은혜에 사로잡히면 몸이 가벼워집니다. 몸 동작이 부드러워지고, 일상의 삶이 리듬을 타게 됩니다. 삶이 무겁거나 지겹지 않습니다. 사랑은 몸을 움직이게 합니다. 움직임이 더 활기차지면 춤이 됩니다. 기쁨의 절정에서 춤이 나옵니다. 사랑을 받은 신부는 남편의 사랑이 온몸에 미치고, 그 기쁨이 춤으로 나오는 것입니다.

춤은 영혼의 독소가 빠져야 가능합니다. 경직된 사람은 춤을 출 수 없습니다. 종교화된 곳은 딱딱합니다. 예배도 딱딱하고, 사람도 경직되어 춤과 거리가 멉니다. 다윗 성에 법궤가 들어올 때 다윗은 춤을 추었습니다. 그날 하나님 앞에서 가장 천진난만한 사람은 왕인 다윗이었습니다. 반면 그를 싸늘하게 지켜보던 그의 아내 미갈은 가장 종교적인 사람이었습니다. 규범이 많으면 춤을 출 수 없습니다. 하지 말라는 것이 많아지면 음악이 사라지고, 춤도 멈춥니다. 율법적인 가정은 어둡습니다. 춤은 꿈도 꿀 수 없습니다.

아이들은 자유롭습니다. 그래서 어릴수록 춤이 부드럽습니다. 어른들에게 춤을 추어 보라고 하면 어색해합니다. 춤은 의무감으로 출 수 없습니다. 춤은 혼자 출 수 없습니다. 다윗은 하나님과 함께 추었을 것입니다. 하나님의 임재 안에서 춤을 출 수 있습니다. 그 임재에 사로잡힐 때만 춤이 나옵니다. 기쁨이 가장 충만한 상태입니다. 그래서 최고의 공동체는 춤추는 공동체입니다.

주님의 기쁨 안으로 들어가면 춤이 나옵니다. 흘러넘치는 신부의 춤은 신랑을 기쁘게 합니다. 춤은 성화의 단계에서 일어납니다. 주님은 나의 최고의 기쁨의 대상이 되십니다. 우리가 춤을 추듯 살아가면 세상에서 보기 어려운 풍경이 펼쳐집니다. 춤을 추듯 사역해 보십시오. 춤을 추듯 직장에서 일해 보십시오. 우리가 충분히 기뻐할 때 하나님이 영광을 받으십니다. 예배의 결과가 기쁨이 아니라, 기쁨 자체가 예배가 되어야 합니다.

그리스도께 속한 자가 되어야 합니다

9절 중반에서 화자가 바뀝니다. 이제부터는 술람미 여인이 바통을 이어받았습니다. 지금 신랑은 신부의 품에서 잠들었습니다. 신부는 깨어서 자신의 사랑이 그에게로 계속 흘러가는 것을 보고 있습니다. 사랑하는 이가 잠들어 있을 때에도 신부의 사랑은 계속 그에게로 향합니다. 이것은 연합의 상태입니다. 서로가 서로를 깊이 사랑하고 있는 가장 행복한 상태, 만족한 상태입니다. 여기서 주어지는 기쁨은 특별합니다.

바울의 고백이 떠오릅니다. 바울은 "내게 사는 것이 그리스도니 죽는 것도 유익함이라"(빌 1:21)라고 말합니다. 바로 이 상태입니다. 다른 것을 원하지 않습니다. 이보다 더 좋을 수 없습니다. "지금 이 순간 나는 죽어도 여한이 없다"는 고백이 나옵니다. "당신으로 나는 족합니다"라는 고백이 나옵니다. 우리 신앙이 여기까지 가야 합니다. 그리스도의 충만한 임재를 충분히 누리는 자리입니다. 신부는 단순하게, 직접적으로 고백합니다.

술람미 여인은 2장 16절에서도 "내 사랑하는 자는 내게 속하였고 나는 그에게 속하였도다"라고 말합니다. 상호 소유입니다. 서로가 기꺼이 상대에게 기울어진 상태입니다. 여기에는 지배 개념이 없습니다. 완전한 연합입니다. 이제 나는 사랑하는 이의 것입니다. 나는 그에게 속해 있습니다. 더 이상 '내 것'은 없습니다. 모든 것이 주님의 것입니다.

"그가 나를 사모하는구나"에서 '사모함'은 매우 강한 단어입니다. 10절은 자기 자신은 없고 그리스도만 있는 상태를 말합니다. 그리스도께서 우리를 온전히 소유하십니다. 그렇다면 나는 없어지는 것입니까? 아닙니다. 진정으로 '나'라는 존재를 찾는 것입니다. 우리가 그리스도 안에 온전히 속할 때, 그때 나는 충분한 존재가 됩니다. 이것이 인간이 본래 돌아가야 할 자리입니다.

결혼도 그렇습니다. 두 사람을 분리시킬 수 없습니다. 둘이 하나입니다. 성경이 말하는 결혼은 한 몸(one body)이 되는 것입니다. 억지로 분리시키면 큰 고통이 생깁니다. 여기에서 '소유'는 세상이 말하는 것과 다릅니다. 서로가 소유했다는 말은 존재가 공유되고 있다는 뜻입니다. 여기에 욕망이 끼어들 수 없습니다. 그러나 우리 삶에는 욕망이 끼어듭니다. 그래서 소유하려 하고 지배하려 합니다. 욕망을 제거할 수는 없습니다. 욕망의 방향을 주님께로 돌려야 합니다. 주님으로부터 사랑을 충만히 받으면 욕망은 힘을 잃습니다. 그분께 온전히 빠지면 유혹의 힘은 약화됩니다. 부부의 사랑이 약화되면 유혹은 강해질 수밖에 없습니다. 세상에 유혹은 널려 있습니다. 문제는 유혹이 아니라 사랑입니다.

'내가 그리스도의 것이 되었다'는 말은 엄청난 것입니다. '속한다'는 말을 속박으로 생각하면 안 됩니다. 한 분께 속함으로 모든 것으로부터 자유로워지는 경험을 해야 합니다. 결혼도 그렇습니다. 한 여자와 결혼함으로 모든 여자에게서 자유로워집니다. 한 남자와 결혼함으로 모든 남자에게서 자유로워집니다. 그래서 결혼하기 전에는 늘 신경이 쓰이고 쓸데없는 에너지를 많이 씁니다.

우리가 그리스도께 온전히 속하지 않으면 아직 내 자리를 찾지 못한 것입니다. 어디에도 속하지 않은 상태는 혼란스럽습니다. 그러나 그리스도 안에서 안식을 누릴 수 있습니다. 그리스도의 사랑 안에 거하는 삶이 얼마나 풍성합니까?

아가서는 "내게 입맞추기를 원하니"(1:2) 라고 하면서 시작합니다. 마지막은 "내 사랑하는 자야 너는 빨리 달리라"(8:14) 라고 하면서 마칩니다. 사랑이 무르익어 갈 때 더 이상 지체할 일이 없습니다. '나는 그에게 속하였다'는 상태로 가야 합니다. 나는 그분의 것입니다. 여기서 정체성이 나옵니다. '나는 누구인가? 나는 어디에 속해 있는가?' 이 질문에 답해야 합니다. 답하지 못하면 다시 원점으로 돌아가게 됩니다. 정체성은 너무 중요합니다. 내가 어디에 속해 있는지가 나의 정체성을 결정합니다. 정체성이 분명하지 않으면 끌려다닙니다. 소속이 분명하면 끌려다닐 이유가 없습니다. 결혼도 마찬가지입니다. '나는 사랑하는 이의 아내다, 남편이다'라는 정체성을 가지면 헷갈릴 일이 없습니다.

그리스도인이라는 정체성이 왜 중요합니까? 그리스도께 속한 자라는 신분이 분명할수록 세상의 유혹을 이길 수 있습니다. 나는 이 세상에 속한 자가 아닙니다. 나를 증명할 때 가장 우선되는 정체성은 그리스도인입니다. 그리스도의 신부, 하나님의 자녀입니다. 탕자의 비유에서 큰아들의 불행은 아들의 정체성을 누리지 못한 데 있습니다. 그는 아들로서 모든 것을 누릴 자유가 있는데도 그것을 알지 못했습니다. 우리는 예수를 믿고 그리스도인이라는 정체성이 주어졌습니다. 이것이 우리의 자존감입니다.

세상에서 말하는 자존감 강의로는 근거가 없습니다. 나만으로는 존재 자체가 흔들립니다. 마귀가 공격하는 사람은 정체성이 흔들리는 사람들입니다. 교회도 소속이 분명해야 합니다. 신앙생활은 내 마음의 고향이며 내 존재의 근거기 되어야 합니다. 신앙은 자신의 소속과 그 소속에서 오는 정체성을 붙들고 살아가는 것입니다. 그리고 주님과의 관계가 더 깊어지도록 하는 것입니다.

친밀함으로 초대하십니다

내 사랑하는 자야 우리가 함께 들로 가서 동네에서 유숙하자 아 7:11

11절은 영어 성경에서 'Come'(오라)으로 시작합니다. 서로를 초대하는 언어입니다. 사랑하는 사람들은 늘 함께하고 싶어 합니다.

또 중요한 단어는 "함께"입니다. 사랑하면 함께 대화하고, 함께 걷고, 함께 먹고, 함께 모든 것을 하고 싶어 합니다. 사랑할수록 함께하고자 하는 열망이 강해집니다. 사랑하는 사람을 홀로 있도록 내버려두지 않습니다.

"들"과 "동네"는 현재 있는 곳에서 벗어나려는 의지를 드러냅니다. 둘만의 시간을 갖기 위한 선택입니다. 은밀한 교제를 나누기 위해 어디론가 가려는 것입니다. 누구에게도 방해받지 않는 곳이 필요합니다.

주님도 기도하시기 위해 의도적으로 한적한 곳을 찾으셨습니다. 아버지 하나님께만 초점을 맞출 수 있는 곳이 필요했기 때문입니다. 아가서가 말하는 밀실입니다. 주님과 함께하는 시간보다 더 우선적인 것은 없습니다. 그 시간이 모든 것을 가능하게 하기 때문에 이것이 신앙의 근본이 되어야 합니다. 우리는 주님과 홀로의 시간을 갖기 위해 시간과 장소를 구별해야 합니다. 현대사회에서 홀로 있고자 하는 것은 위험한 선택처럼 보이기도 합니다. 그래서 사람들은 홀로 있기를 두려워합니다.

현대인들은 홀로 있을 때 찾아오는 외로움을 견디지 못합니다. 그래서 여러 사람을 만나지만, 외로움이 해결되지 않습니다. 또 만남은 에너지를 소모시킵니다. 그런데도 외로울수록 관계를 맺고 싶어 하니, 자칫하면 관계 의존증이나 관계 중독으로 갑니다. 대부분 불행한 관계로 끝납니다.

우리가 홀로 있지 못하는 이유는 홀로 있는 훈련을 받아 본 적이 없기 때문입니다. 더 근본적으로는 혼란한 내면을 가진 '나'와의 만남이 불편하기 때문입니다. 진짜 만나기 힘든 사람은 바로 나입니다. 여기서 '홀로 있음'은 주님과 함께하는 시간을 말합니다. 외로움이 아니라 고독입니다. 외로움이 병적으로 흐른다면, 고독은 창조적으로 성화시키는 선택입니다. 광야의 경험은 하나님과 독대하는 경험입니다. '광야'와 '말씀'은 히브리어 원문에서 어근이 연결됩니다. 광야에서 말씀을 듣습니다. 고독과 침묵과 경청이 연결될 때 영성으로 나아갑니다.

엘리야 선지자를 보면, 하나님이 그를 처음 부르셨을 때 그릿 시냇가로 보내어 아무도 만나지 못하게 하셨습니다. 하나님의 첫 번째 레슨은 '홀로 있는 법'을 익히는 것이었습니다. 갈멜 산에서의 승리는 그릿 시냇가에서 쌓인 독대의 힘에서 나왔습니다.

우리는 눈에 띄게 열심히 활동하는 사람이 주님을 기쁘시게 한다고 평가할 때가 있지만, 정반대일 수도 있습니다. C. S.

루이스는 깨어 있기 때문에 분주하다고 말했고, 유진 피터슨은 분주함은 헌신이 아니라 배신의 표시라고 말했습니다. 우리 안의 욕망이 우리를 분주하게 만듭니다. 본질을 놓치고 비본질에 쫓겨다니게 합니다. 그래서 많은 그리스도인과 사역자들이 지쳐 있습니다. 피로 증후군과 희생자 증후군에 빠져 떠밀려 다니는 인생이 됩니다.

우리는 신체적, 정서적, 영적으로 한계를 가지고 있습니다. 채워짐 없이 활동하면 멈추는 순간이 옵니다. 또한 소비주의 시대의 생산과 소비의 메커니즘은 우리를 가만히 있지 못하게 합니다. 특히 온라인 시대, 인터넷, 위성 방송, 그리고 핸드폰은 끊임없이 연결시키지만 정작 주님과의 접촉을 끊어 버리게 합니다. 핸드폰은 마치 마약처럼 유혹이 강력합니다. 우리의 영혼을 산만하게 하고, 일상 속 소음을 키웁니다.

예수님은 "너는 기도할 때에 네 골방에 들어가 문을 닫고 은밀한 중에 계신 네 아버지께 기도하라"(마 6:6)고 하셨습니다. 우리는 홀로 있는 시간을 확보해야 묵상할 수 있습니다. 말씀과 기도는 고도의 영적 집중력이 필요합니다. 하나님과 일대일로 독방에서 만나는 사람은 내면세계에 질서가 생기고 안정감이 생깁니다. 외부 압력에 휘둘리지 않습니다. 주님과 나만의 시간이 삶의 중심부에 놓입니다.

은밀한 곳, 깊은 곳에서 솟아오르는 것이 있습니다. 거대한 지하수맥과 같습니다. 충분히 채워진 영혼에는 만족함이 있습니다. 주님과 나만의 밀애의 시간을 확보해야 합니다. 이 밀실이 있는지 없는지는 타인은 아무도 모릅니다. 하나님과 나만 아는 세계입니다. 교제가 깊어지면, 나중에는 따로 어디 가지 않아도 언제 어디서나 주님과 친밀한 시간을 가질 수 있습니다. 시끄러운 시장통을 지나도 방해받지 않을 수 있습니다. 그때부터 삶의 지경이 넓어지고 자유로워집니다. 내 안의 친밀함과 임재가 외부의 압력보다 강하기 때문입니다. 그때부터 비로소 사역이 시작됩니다. 채워지면 나가게 되어 있습니다. 충만함에서 나오는 사역은 버겁지 않습니다. 억지의 열심이 아닙니다.

주님이 우리를 초대하십니다. "내 사랑하는 자야, 나와 함께하자" 말씀하십니다. 이 과잉 활동주의 시대에, 주님은 우리를 단둘의 친밀함으로 부르십니다. 이 시간을 방해하면 안 됩니다.

사랑하면 헌신합니다

우리가 일찍이 일어나서 포도원으로 가서 포도 움이 돋았는지, 꽃술이 퍼졌는지, 석류 꽃이 피었는지 보자 거기에서 내가 내 사랑을 네게 주리라 아 7:12

12절에서 말하는 "사랑"은 복수 표현입니다. 자신의 모든 사랑을 남김없이 드리고 싶다는 뜻입니다. 계산할 것 없이 다 주고 싶은 것입니다. 제3자가 보면 낭비 같지만, 본인은 낭비라고 생각하지 않습니다. 사랑하면 기꺼이 헌신합니다.

우리의 예배도 그렇습니다. 예배는 가장 고귀한 낭비라고도 합니다. 그러나 주방일 대신 주님의 발치에 앉았던 마리아도 그 시간 이후에는 더 열심히 헌신했을 것입니다. 친밀한 교제를 누린다고 늘 골방에만 갇히는 것은 아닙니다. 사랑을 받은 자는 사랑합니다. 사랑을 경험하면 움직이게 됩니다. 사랑을 받으면 에너지가 생기고 피곤한 줄 모릅니다. 고생하는데도 기쁩니다. 내가 하는 것 같지만 내가 하는 것이 아닙니다. 내 안의 사랑이 나를 움직이게 합니다. 사랑하니까 주머니가 열리고 자발적이며 능동적이 됩니다. 내적으로는 고요하고 안식하지만, 외적으로는 받은 만큼 흘러갑니다. 사랑하면 부지런해집니다.

합환채가 향기를 뿜어내고 우리의 문 앞에는 여러 가지 귀한 열매가 새 것, 묵은 것으로 마련되었구나 내가 내 사랑하는 자 너를 위하여 쌓아 둔 것이로다 아 7:13

신부가 신랑에게 기쁨과 즐거움을 주기를 갈망하는 장면입니다. 사랑은 일방적이지 않고 쌍방적입니다. 한쪽만 행복하고 한쪽만 불행한 관계는 건강하지 않습니다. 사랑하는 만큼 상대의 행복을 원하게 됩니다. '우리의 문'은 관계를 여는 공간입니다. 열매는 두 사람의 사랑의 절정에서 나온 것입니다. 관계를 통한 기쁨이 생명의 열매로 나타납니다. 결국 신랑의 열매는 신부 자신입니다. 우리 자신이 하나님께 열매가 됩니다. 우리가 무엇을 드려서 주님이 기뻐하시는 것만이 아니라, 우리의 존재 자체를 주님이 받기 원하십니다.

로마서 12장 1절에 "너희 몸을 하나님이 기뻐하시는 거룩한 산 제물로 드리라"라고 말합니다. 우리 몸을 드리면 전부를 드리는 것입니다. 향유 옥합을 깨뜨린 마리아의 모습이 그렇습니다. 가룟 유다는 "왜 허비하느냐"라고 말했지만, 사랑은 허비처럼 보이는 헌신을 기꺼이 합니다. 13절에서 "내가 내 사랑하는 자 너를 위하여 쌓아 둔 것이로다"라고 말합니다. 사랑을 저장하여 쌓아 두었다는 것입니다. 바닥을 긁지 않습니다. 이것이 사랑의 특징입니다.

아가서를 살펴보며 우리는 신앙의 깊은 지점을 들여다보게 됩니다. 여기서 중요한 것은 우리가 무엇을 하고 있는가, 혹은 얼마나 많은 일을 하고 있는가가 아닙니다. 핵심 질문은 이것입니다. '나는 누구인가?' '나는 누구에게 속한 자인가?' '나는 주님과 단둘이 머무는 친밀한 시간을 가지고 있는가?'

우리는 주님과 나 사이의 사랑의 밀도를 점검해야 합니다. 주님과 친밀해지는 것보다 더 우선되는 것은 없습니다. 주님과의 친밀함이 깊어질수록, 주를 위해 살고 싶은 마음이 자연스럽게 생겨납니다.

신부는 열매를 통해 신랑을 기쁘게 하려 합니다. 신부는 열매를 쌓아 두었습니다. 열매에는 분명한 특징이 있습니다. 향기가 있다는 것입니다. 성숙한 삶에는 반드시 향기가 있습니다. 이 향기는 특정한 곳에 머무르지 않고 모든 곳으로 스며듭니다. 또한 향기는 인위적으로 조작할 수 없습니다.

그러므로 우리는 우리 자신을 증명하려 애쓸 필요가 없습니다. 비교하거나 경쟁할 이유도 없습니다. 열매는 우리가 만들어 내는 것이 아닙니다. 우리의 노력만으로는 열매를 맺을 수 없습니다. 열매는 노력의 결과가 아니라, 주님과의 생명적 연결에서 비롯된 결과입니다. 내가 주님 안에 거할 때, 주님이 내 안에서 행하신 결과가 열매로 나타나는 것입니다. 주님과 내가 하나 되는 관계, 곧 그분이 내 안에 계시고 내가 그분 안에 거하는 관계 속에서 사랑은 점점 무르익고, 그 결과로 열매는 자연스럽게 맺힙니다.

솔로몬과 술람미 여인의 사랑의 관계도 그러했습니다. 그들의 사랑은 점진적으로 깊어져 왔고, 마침내 그 열매가 드러납니다. 주님과의 친밀함이 깊어질수록 열매는 더욱 풍성해집니다. 주님과 사랑의 관계 안에서 모든 것은 흘러나옵니다. 이것은 억지로 만들어 내는 결과가 아니라, 존재 자체의 부요함 안에서 자연스럽게 일어나는 일입니다. 이러한 친밀함을 맛보아 알게 되기를 바랍니다.

chapter 14.

사랑으로 모든 것을 이기다 ✻

| 아가 8:5-14 |

5 그의 사랑하는 자를 의지하고 거친 들에서 올라오는 여자가 누구인가 너로 말미암아 네 어머니가 고생한 곳 너를 낳은 자가 애쓴 그 곳 사과나무 아래에서 내가 너를 깨웠노라

6 너는 나를 도장 같이 마음에 품고 도장 같이 팔에 두라 사랑은 죽음 같이 강하고 질투는 스올 같이 잔인하며 불길 같이 일어나니 그 기세가 여호와의 불과 같으니라

7 많은 물도 이 사랑을 끄지 못하겠고 홍수라도 삼키지 못하나니 사람이 그의 온 가산을 다 주고 사랑과 바꾸려 할지라도 오히려 멸시를 받으리라

8 우리에게 있는 작은 누이는 아직도 유방이 없구나 그가 청혼을 받는 날에는 우리가 그를 위하여 무엇을 할까

9 그가 성벽이라면 우리는 은 망대를 그 위에 세울 것이요 그가 문이라면 우리는 백향목 판자로 두르리라

10 나는 성벽이요 내 유방은 망대 같으니 그러므로 나는 그가 보기에 화평을 얻은 자 같구나

11 솔로몬이 바알하몬에 포도원이 있어 지키는 자들에게 맡겨 두고 그들로 각기 그 열매로 말미암아 은 천을 바치게 하였구나

12 솔로몬 너는 천을 얻겠고 열매를 지키는 자도 이백을 얻으려니와 내게 속한 내 포도원은 내 앞에 있구나

13 너 동산에 거주하는 자야 친구들이 네 소리에 귀를 기울이니 내가 듣게 하려무나

14 내 사랑하는 자야 너는 빨리 달리라 향기로운 산 위에 있는 노루와도 같고 어린 사슴과도 같아라

성숙은 독립이 아니라 의존입니다

아가서 8장은 최종적인 연합을 다루고 있습니다. 솔로몬과

술람미 여인의 완전한 연합, 곧 신랑과 신부의 부부 관계에서의 완전한 연합을 통하여 하나님과 우리와의 연합을 가르쳐 주십니다.

그렇다면 하나님과 하나 된 삶은 어떻게 살아가야 합니까? 일상이 중요합니다. 비일상이 아니라 일상입니다. 영적 체험의 세계에만 갇혀 있으면 안 됩니다. 거기에서 나와야 합니다. 부부가 사랑한다고 늘 집에서만 같이 지내며 서로만 들여다보고 있으면 결국 투닥투닥 싸우게 됩니다. 완전한 연합은 새로운 시작입니다. 주님과 깊은 신비적 결합을 경험했다면, 그 상태는 일상으로 이어져야 합니다.

구름 위에 붕 떠 있는 삶이 아닙니다. 삶의 현장으로 가야 합니다. 영성은 한 가지 색깔만 있는 것이 아니라 다양한 색깔이 있습니다. 신비적 경험도 필요하지만, 그것에 갇혀 있지 않고 삶의 자리로 나아가야 합니다.

아가서를 맺는 8장은 단지 '사랑'에 대해 이야기하는 것이 아니라, 사랑이 얼마나 우리 삶에 본질적인 것인가를 설명합니다.

> 그의 사랑하는 자를 의지하고 거친 들에서 올라오는 여자가 누구인가 너로 말미암아 네 어머니가 고생한 곳 너를 낳은 자가 애쓴 그곳 사과나무 아래에서 내가 너를 깨웠노라 아 8:5

5절 앞부분은 친구들의 말입니다. 신부가 사랑하는 자를 의지하고 있다고 말합니다. 성숙하다고 해서 사랑하는 자로부터 독립했다고 하지 않습니다. 신부는 여전히 신랑에게 기대어 있습니다. 몸이 그에게로 기울어져 있다는 뜻입니다.

우리는 독립적인 존재가 아닙니다. 신앙생활을 오래 한다고 해서 하나님이 필요 없어지는 것이 아닙니다. 항상 하나님을 의지하며 살아가야 합니다. 오히려 신앙생활이 깊어질수록 그분을 더 의지하게 됩니다. 하나님으로부터 독립을 꿈꾸면 안 됩니다. 스스로 살아갈 수 있다고 자만하면 안 됩니다. 아이들을 보면, 막 걸음마를 시작했는데도 엄마 손잡고 가자고 하면 "아니야" 하고 스스로 걷겠다고 고집을 부립니다. 그러다가 넘어져서 코를 다치기도 합니다. 나 중심으로 살겠다는 고집의 출발점입니다. 혼자 씩씩하게 살면 안 됩니다. 잘 사는 길은 의존입니다. 기댈 줄 아는 것이 실력입니다.

그러면 누구를 의지해야 하겠습니까? 삶의 여정은 위험합니다. 결혼생활도 위험합니다. 그러므로 아무에게나 기대면 안 됩니다. 기대할 대상이 분명해야 합니다. 이 사람 저 사람에게 기대어 보아야 결국 소용이 없습니다. 한 분에게 기대야 합니다. 하나님만이 우리의 기대실 분입니다. 그분은 변함이 없는 분이십니다. 우리가 사람 중 누군가에게 기대려 하면, 그의 변덕에 함께 무너질 때가 있습니다. 그러나 하나님은 변함이 없으십니다.

성숙은 독립이 아닙니다. 우리는 살아갈수록 더 독립적이지 못합니다. 혼자서도 굳건하게 살 수 있는 것도 젊어서나 좋습니다. 나이 들고 기력이 한풀 꺾이고 나면 더 의지할 누군가가 필요합니다. 계속 의지해야 합니다. 하나님과 친밀도가 높아질수록 더 많이 의지하게 됩니다. 의존의 태도를 유지하는 것입니다. 주님께 기대는 삶, 이것이 영성입니다.

첫사랑을 기억해야 전진할 힘을 얻습니다

친구들은 또 이렇게 묻습니다. "거친 들에서 올라오는 여자가 누구인가"(5절). 술람미 여인이 광야를 뒤로 하고 있습니다. 광야는 이제 끝이 났습니다. 광야를 통과했다는 뜻입니다. 광야는 중요합니다. 광야를 통과하면서 우리의 신앙과 영성이 깊어집니다. 광야는 축복된 곳입니다. 그러나 광야는 지나가는 곳입니다. 광야는 우리의 일상이 아닙니다. 목적지가 아닙니다. 이스라엘 백성은 광야를 지나 가나안으로 가야 했습니다. 그런데 광야에 머물러 있다가 끝나 버렸습니다. 광야에 묻혀 버렸습니다. 광야의 시간이 길어지면 지칩니다.

요셉에게 주어진 사명이 무엇이었습니까? 전진하는 것입니다. 광야가 주어진 이유는 앞으로 가기 위해서입니다. 신앙이 깊어졌다면 지경이 넓어져야 합니다. 주님과의 관계가 깊어지면 더 넓은 세계로 나아가게 됩니다. 깊어져야 넓어집니다. 우리가 하나님과의 관계 속에서 깊어져야 사역할 수 있고, 어디든지 갈 수 있습니다. 우리는 질문해야 합니다. 지금 앞으로 가고 있습니까, 뒤로 가고 있습니까? 광야를 지나가야 합니다. 광야에 머물러 있으면 안 됩니다.

그리고 친구들은 "너로 말미암아 네 어머니가 고생한 곳 너를 낳은 자가 애쓴 그곳"(5절)이라고 합니다. 시작의 자리, 출발점입니다. 내가 태어난 곳입니다. 내가 어디에서부터 시작했는가를 아는 것이 중요합니다.

항상 근원으로 돌아가야 합니다. 라틴어 '아드 폰테스'(ad fontes)의 뜻은 원천으로, 샘물 곁으로 돌아가야 함을 뜻합니다. 끝까지 갈 수 있는 힘은 나의 근원, 내 시작점을 기억하는 데서 나옵니다. 우리의 삶에는 언제나 시작점이 있습니다. 사랑의 시작점, 생명의 시작점, 관계의 시작점이 있습니다. 결혼생활을 10년, 20년, 30년 해도 사랑의 출발점으로 돌아가 보아야 합니다. 처음 사랑할 때 그 순간을 기억해 보아야 합니다. 서로 누구보다 뜨겁게 사랑했던 그 순간을 기억해야 합니다.

저는 주님을 만났던 그날, 그 시작점을 자주 떠올립니다. 제가 임직을 받았던 그때, 안수를 받았던 그때, 죽었다가 다시 살아난 것 같은 새 생명을 얻었던 그때의 초심과 마음을 잊지 않으려고 노력합니다. 초심을 유지하는 것이 어렵습니다. 그러나 처음 그 자리에서 가슴 떨렸던 마음으로 살아가야 합니다. 부부 생활도 처음 만났을 때의 가슴 떨림을 계속 유지하려 애써야 합니다.

문제는 무엇입니까? 망각입니다. 이스라엘 백성에게 늘 확인되는 것도 망각증입니다. 인간은 참 간사합니다. 돌아서면 잊어버립니다. 놀라운 은혜의 언어를 금방 잊어버립니다. 죽을 고비를 넘기고도 금세 또 잊어버립니다. 이스라엘 백성은 홍해를 가르는 기적을 맛보고도 얼마 지나지 않아 하나님을 원망하고 불평했습니다. 기억 재생이 필요합니다. 그래서 에베소 교회에게 주님은 "네가 어디에서 그 첫사랑을 잃어버렸는지 생각해 보아라"고 하십니다(계 2:4-5). 새로워지는 길은 처음 깨어났던 그 자리로 돌아가는 것입니다.

깨어 있는 사람만이 잠든 자를 깨울 수 있습니다

또 친구들은 이렇게 말합니다. "사과나무 아래에서 내가 너를 깨웠노라"(5절). 살다 보면 무감각해집니다. 처음에는 설레고 가슴이 뛰고 감동과 기쁨이 넘칩니다. 그런데 어느 순간부터 감성이 죽습니다.

부부 사이도 그렇습니다. 매일이 신혼 같으면 얼마나 좋겠습니까? 세월이 흐르면 성적 매력도 사라지고, 소파에서 잠옷 차림으로 뒹구는 배우자의 모습이 익숙해집니다. 드라마 속 주인공과 비교하면 마음이 식기도 합니다. 점점 나이 들어 가면서 낭만은 멀어집니다. 결혼기념일도 세월이 갈수록 형식화됩니다. 아이를 낳고 키우면서 기억이 희미해집니다. 지치고 모든 것이 지루해집니다. 가슴이 뛰지 않습니다. 환희가 사라집니다. 무심하게 대합니다. 지루한 반복 속에 영혼은 깊은 피로감에 쌓입니다. 가정만 그런 것이 아닙니다. 영적으로도 권태기가 찾아옵니다.

이스라엘 백성에게 유월절은 특별했습니다. 출애굽하기 전날 밤, 애굽의 모든 장자가 죽던 밤에 히브리인의 집에 바른 어린 양의 피로 장자의 죽음이라는 재앙을 면했습니다. 출애굽은 종의 자리에서 자유인의 길이 열린 역사적 사건입니다. 홍해를 가르는 그 장엄하고 경이로운 사건을 어떻게 잊을 수 있겠습니까? 그래서 유월절은 그 구원의 은혜를 기억하며 다시금 그날의 감동을 일깨우는 절기였습니다. 그러나 시간이 흐르며 절기도 형식화되었습니다.

출애굽보다 더 큰 사건이 무엇입니까? 십자가와 부활 사건입니다. 완전한 출애굽입니다. 그러나 신앙생활을 하다 보면 절기도 예배도 감격이 식어 버립니다. 그래서 신앙생활에서 경계할 것은 냉담함입니다. 냉담한 의식의 반복에서 종교적 외식주의가 생겨납니다. 내용은 빠지고 형식만 남으면 신앙은 깊은 잠에 빠집니다. 뜨거웠던 경험은 사라지고 과거의 사건이 정보로만 남습니다.

수영로교회도 창립한 지 50년 넘는 시간을 보냈습니다. 많은 일이 있었습니다. 그런데 50년이 정보로만 보존된다면 의미가 없습니다. 정보가 아니라 생명의 계승이 일어나도록 해야 합니다. 주님은 신부를 깨우십니다.

술람미 여인도 어느 순간 잠들어 있었고, 그때 왕이 와서 그를 깨웠습니다. 이때부터 새로운 시작입니다. 다시 가슴이 뛰게 됩니다. 사랑이 식어 버린 가슴에 다시 불을 지릅니다. 경이로움에 대한 감탄을 회복합니다. 죽어 있던 감각이 살아납니다. 잠들어 있던 영혼이 깨어납니다.

우리의 과제는 잠들지 않고 계속 깨어 있는 것입니다. 신랑이 신부를 깨우듯, 주님은 다양한 방식으로 우리를 깨우십니다. 그렇다면 깨어난 사람은 무엇을 해야 합니까? 다른 잠든 사람을 찾아가 깨워야 합니다. 누가 깨울 수 있습니까? 깨어 있는 사람만이 다른 깨울 수 있습니다.

형과 함께 김해에 있는 무척산에서 기도하던 때가 떠오릅니다. 각자 거리를 두고 열심히 기도하지만 밤이 깊어지면 잠이 밀려옵니다. 그때 위쪽에서 기도하던 형이 크게 소리를 내면 깜짝 놀라 잠이 달아납니다. 시간이 지나 조용해지면 이번에는 제가 소리를 내어 형을 깨웁니다. 그렇게 서로 깨우며 기도를 이어 갔습니다.

누군가를 깨우면 이런 말을 듣기도 합니다. "당신이 나를 깨워주기를 얼마나 기다렸는지 모릅니다. 조금만 더 일찍 깨워주었더라면 좋았을 텐데요." 누가 깨워 주지 않으면 자는 줄도 모르고 잡니다. 병든 줄도 모르고, 죽어 가는 줄도 모르고 살아갑니다. 우리는 서로를 깨워야 합니다. 왕이 술람미 여인에게 "내 어여쁜 자야 일어나서 함께 가자"(아 2:10) 하고 권면한 것처럼, 우리도 다른 사람을 깨워 함께 나아가야 합니다.

오늘 시대는 빈익빈 부익부의 시대입니다. AI를 통해 사회 구조의 격차가 더 커질 수 있다는 말도 나옵니다. 영적 세계도 마찬가지입니다. 은혜가 몰리는 곳에는 몰리고, 없는 곳에는 사막 같은 결핍이 찾아올 수 있습니다. 교회도 그렇고, 교회 안에서도 그렇습니다. 은혜가 골고루 흘러가도록 자는 자를 깨워야 합니다. 우리끼리만 좋으면 안 됩니다. 아무리 은혜가 넘쳐도 우리만 서로 바라보고 있으면 싸우게 됩니다.

공동체적으로 깨어 있을 때 엄청난 일이 일어납니다. 우리 공동체 전체가 영적으로 깨어 있다면 무슨 일이 일어날지 누구도 예측할 수 없습니다. 한국 교회 가운데 그런 역사가 일어날 것을 믿습니다.

사랑이 죽음을 이깁니다

너는 나를 도장 같이 마음에 품고 도장 같이 팔에 두라 사랑은 죽음 같이 강하고 질투는 스올 같이 잔인하며 불길 같이 일어나니 그 기세가 여호와의 불과 같으니라 아 8:6

고대 근동 지방에서는 반지 모양의 인장, 돌이나 금속으로 만든 도장을 손이나 손목에 매거나 몸에 지니던 관습이 있었습니다. 도장에는 사람 이름이나 초상이 새겨져 있었습니다. 도장을 지닌 사람은 그것을 준 이에게 사랑을 받고, 그에게 속해 있다는 것을 나타냈습니다.

신부는 자신의 마음과 팔에 도장을 새겨 달라고 말하고 있습니다. 도장은 여러 의미를 갖습니다. 고대 사회에서 도장은 신분, 정체성, 소유권, 권위, 보호, 언약을 상징했습니다. 도장은 그 사람의 존재 자체를 말합니다. 왕이 도장을 찍으면 왕의 권위가 거기에 실립니다. 도장을 찍는 순간 소유가 결정됩니다. 약속이 들어갑니다. 신뢰할 수 있습니다. 누구도 함부로 손대거나 지울 수 없습니다. 보호를 받습니다. 마음에 도장이 새겨지면 영속성을 띱니다. 한번 새겨지면 철회하거나 제거할 수 없습니다.

그래서 아가서 8장은 도장, 인침으로 끝납니다. 지워지지 않는 도장으로 내 안에, 내 위에, 내 마음 안에 당신의 사랑을 새겨 주십시오. 이것은 전혀 다른 차원입니다. 이제 신부는 단지 "내가 당신을 사랑합니다"를 말하는 것이 아니라, "내가 당신의 존재 안에 거하게 해 주십시오"라고 말합니다. 친밀함 그 이상입니다.

이전에 신부는 사랑하는 이를 찾아다녔습니다. 어디론가 데려가 달라고 애원했습니다. 보여 달라고도 했습니다. 그러나 이제는 다릅니다. 깊은 단계로 나아간 것입니다. "당신의 사랑 안에 나를 두십시오. 내가 당신 안에 깊이 새겨진 존재가 되게 해 주십시오"라고 말하는 것입니다. "나는 당신에게 영원히 속하기를 원합니다"라고 고백하는 것입니다. 부족하고 연약해도 도장을 찍으면 끝입니다. 서로 다른 존재가 하나로 묶여 깊은 연합을 이루게 됩니다. 우리도 하나님께 "우리는 주님의 것입니다"라고 고백할 수 있어야 합니다. 이 확신이 점점 더 커져 가야 합니다. 그때 세상 속에서 위협과 어려움이 와도 이겨낼 힘을 얻고, 안식을 누리게 됩니다.

사랑은 죽음같이 강합니다. 죽음의 힘은 강합니다. 이 세상의 절대 권력처럼 보입니다. 죽음은 잔인합니다. 모든 것을 파괴합니다. 누구도 피하지 못합니다. 돈으로도, 권력으로도 피할 수 없습니다. 죽음은 늘 이겨 왔고 지금도 이기는 것처럼 보입니다. 그런데 아가서는 말합니다. 죽음보다 강한 것이 하나 있습니다. 사랑입니다. 죽음도 사랑을 이기지 못합니다. 하나님은 십자가를 통해 죽음보다 강한 사랑을 보여 주셨습니다.

그리스도는 십자가에서 죽으셨지만 죽음을 정복하셨습니다. 바울은 "사망을 삼키고 이기리라"(고전 15:54)라고 말했습니다. 주님은 죽음을 삼켜 버리셨습니다. 죽음은 그리스도의 사랑을 이길 수 없습니다. 이것이 복음의 능력입니다. 믿는 자의 죽음은 진정한 죽음이 아닙니다. 그리스도의 사랑이 죽음의 문턱을 넘어 영생의 길로 인도하기 때문입니다. 우리는 죽음보다 강한 하나님의 사랑에 붙들려 있습니다.

질투는 스올같이 잔인합니다. 닫힌 무덤처럼 견고하다는 뜻입니다. 참 사랑은 견고합니다. 경쟁자를 허락하지 않습니다. 신부에 대한 정당한 소유권을 주장하는 것입니다. 질투는 사랑의 최고 형태입니다. 질투가 없으면 사랑이 아닙니다. 여기서 말하는 질투는 빼앗고자 하는 욕망이 아닙니다. 자기 생명까지라도 내주는 집요한 사랑입니다. 하나님의 사랑은 신부인 우리에게 집중되어 있고, 사랑의 대상을 바꾸지 않으십니다.

그 질투 안에는 사랑의 맹렬함이 담겨 있습니다. 그 사랑은 우리를 붙들고 놓지 않습니다. 그 사랑을 무너뜨리거나 패배시킬 수 없습니다. 결국 사랑이 이깁니다.

사랑이면 충분합니다

많은 물도 이 사랑을 끄지 못하겠고 홍수라도 삼키지 못하나니 사람이 그의 온 가산을 다 주고 사랑과 바꾸려 할지라도 오히려 멸시를 받으리라 아 8:7

여기서 "많은 물"은 혼돈과 죽음과 멸망을 떠올리게 합니다. 홍수가 밀려오면 모든 것을 쓸어 갑니다. 그런데 많은 물도 하나님의 사랑의 불을 끄지 못합니다. 물이 많으면 불을 이길 것 같지만, 여기에서는 불이 이깁니다. 왜 그렇습니까? 그냥 불이 아니기 때문입니다. 하나님의 사랑의 불, 여호와의 불이기 때문입니다.

광야에서 모세가 보았던 불은 꺼지지 않는 불이었습니다.

산불을 보아도, 사람들이 동원되고 소방차와 헬기가 물을 부어도 쉽게 꺼지지 않습니다. 꺼진 것 같아도 다시 피어오릅니다. 하나님의 사랑은 거대한 불길처럼 멈추지 않고 타오릅니다. 우리의 사랑의 불길은 미약하여 쉽게 꺼집니다. 그러나 하나님의 사랑, 여호와의 불길은 꺼지지 않습니다. 반짝하고 끝나는 사랑이 아닙니다. 한때 뜨거운 사랑이 아닙니다. 별일이 다 일어나도 그 사랑을 약화시킬 수 있는 것은 없습니다. 지금도 거대한 사랑의 강이 흐르고 있습니다. 그 사랑이 우리를 붙들고, 마지막까지 데리고 가실 것입니다. 그 사랑은 영원합니다. 헤세드, 언약의 사랑입니다.

우리는 사랑에 실패합니다. 능력이 부족해서 불행한 것이 아니라 사랑이 약해서 불행합니다. 사랑이 서툴기 때문입니다. 그러므로 우리는 그 많은 물로도 끌 수 없는 사랑의 불길에 자신을 맡겨야 합니다. 그 사랑에 끌려가면 됩니다. 그 불길을 타고 가면 됩니다. 이것이 은혜생활입니다. 십자가의 사랑 안으로 뛰어드는 것입니다.

사람이 온 가산을 다 주고 사랑과 바꾸려고 하면 오히려 멸시를 받겠다고 합니다. 무슨 의미입니까? 사랑은 값으로 매길 수 없다는 뜻입니다. 세상에 값비싼 것들이 많습니다. 그러나 진짜는 값이 없습니다. 진짜는 사고 싶어도 살 수 없습니다. 그것이 바로 사랑입니다. 사랑은 사고 팔 수 없습니다. 돈으로 거래할 수 있는 것은 흔한 것입니다. 돈으로 사고 판 사랑은 사랑이 아닙니다. 가짜입니다. 돈이 사라지면 그 사랑도 사라집니다.

진짜 사랑은 돈과 상관이 없습니다. 돈으로 산 것은 소유하는 순간부터 값이 떨어집니다. 그러나 존귀한 것은 가지고 있을수록 더 가치가 올라갑니다. 사랑도 그렇습니다. 사랑은 교환이 되지 않습니다. 돈은 유한하지만 사랑은 영원합니다. 그래서 진짜 사랑은 위험합니다. 위험을 감수하지 않으면 사랑할 수 없습니다. 때로는 그 사랑 때문에 재산을 잃을 수도 있고, 심지어 생명까지 내어놓을 수도 있습니다. 그것이 사랑입니다.

아이들이 아프면 부모는 '내가 죽어도 이 아이를 살리고 싶다'고 말합니다. 하나님이 우리에게 보여 주신 사랑이 그 사랑입니다. 사랑은 위대합니다. 최상급을 사용할 만합니다. 사랑은 놀라운 힘을 발휘합니다. 세상을 움직이는 힘입니다. 사랑보다 더 큰 위력은 없습니다.

가정도 돈이 아니라 사랑의 원리로 돌아가야 합니다. 가정이 왜 이렇게 힘들까요? 왜 잘사는데도 망가졌습니까? 정신병에 걸린 사람이 한두 명이 아닙니다. 깨어진 가정이 한둘이 아닙니다. 돈이 없어서가 아닙니다. 사랑이 부족해서입니다. 우리는 사랑할 능력이 없습니다. 우리는 사랑할 줄 모릅니다. 그러므로 결혼 관계 안에서 우리의 사랑은 그리스도의 사랑 안에 있어야 합니다. 그리스도와 교회의 관계 안에서 사랑을 배우고, 그 사랑 안에서 부부 관계로 들어가야 합니다. 둘만의 사랑으로는 안 됩니다.

평생 부부가 함께 살아가다 보면 위기를 맞기도 합니다. 그러나 그리스도의 사랑 안에 살면 그 위기를 넘어가고, 세월이 흐를수록 그 관계는 놀랍게 변합니다. 젊은 날의 뜨거운 사랑만이 전부가 아닙니다. 시련과 유혹을 함께 이겨 내며 만들어진 사랑은 더 깊고 원숙한 아름다움으로 나아갑니다. 젊은 날에는 알 수 없는 '깊이 익은 사랑'이 있습니다.

아가서 8장에서 질투, 불, 죽음 같은 단어가 언급되는 것은 사랑의 강도를 드러냅니다. 살아가는 날들 동안 별일이 다 일어나고, 결국 죽음도 찾아옵니다. 그러나 그 죽음마저 이기게 하는 것이 사랑입니다. 그 사실을 입증해 준 사건이 십자가입니다. 사랑보다 더 나은 전술은 없습니다. 기업이든, 교회든, 가정이든, 학교든 사랑보다 더 나은 교육법도, 더 나은 방법도 없습니다. 세상이 존재하는 것은 하나님의 사랑 때문입니다. 세상이 악해도 유지되는 것은 돈이 아니라 사랑입니다.

그러나 여기서 말하는 것은 '그냥 사랑'이 아닙니다. 변질되고 왜곡된 사랑이 많습니다. 세상에 필요한 것은 진짜 사랑, 참 사랑입니다. 참 사랑은 하나님으로부터 옵니다. 하나님이 우리에게 보여 주신 사랑이 진짜입니다. 성경에서 만나는 하나님의 사랑이 진짜입니다. 그 사랑이면 충분합니다. 그 사랑이 모든 것을 이기게 합니다.

하나님의 사랑은 끊어지지 않습니다

> 너 동산에 거주하는 자야 친구들이 네 소리에 귀를 기울이니 내가 듣게 하려무나 아 8:13

여기에서 '친구'가 나옵니다. 믿음의 여정에 함께 걸어가는 동료들입니다. 같은 주를 섬기고 같은 방향으로 걸어가는 공동체입니다. 이 동료들이 얼마나 중요한지 모릅니다. 우리는 홀로 갈 수 없습니다. 주님과의 친밀한 관계, 신랑과 신부의 친밀한 관계가 공동체의 동료들에게도 흘러가야 합니다. 함께 격려하고, 함께 대화하고, 함께 지지해야 합니다.

> 내 사랑하는 자야 너는 빨리 달리라 향기로운 산 위에 있는 노루와도 같고 어린 사슴과도 같아라 아 8:14

신부가 남편을 부르며 함께 떠나자고 말합니다. 빨리 달리라고 합니다. 파송의 언어입니다. "속히 오십시오. 달려오십시오" 하는 간절한 기대와 소망이 담겨 있습니다. 그리스도 안에서 완전한 연합을 갈망하는 것입니다. 아가서에서 우리가 계속 들어온 단어가 무엇입니까? 갈망입니다. 목마름입니다. 다시 만나고 싶은 소망입니다.

이 땅의 삶에는 만남과 이별이 있습니다. 부부도 영원히 함께하지 못합니다. 언젠가는 이별이 찾아옵니다. 아무리 금실 좋은 부부라 해도 죽음을 이기지는 못합니다. 언젠가 때가 되면 죽음이 찾아와 둘 사이를 갈라놓습니다. 그때 우리는 다시 만날 날을 갈망합니다.

누구나 이 땅의 삶이 끝나는 날을 맞이합니다. 그래서 우리는 다시 오실 그리스도를 기다립니다. 아가서도 끝을 바라보게 합니다. 신약성경 마지막도 "내가 속히 오리라"로 끝납니다.

> 이것들을 증언하신 이가 이르시되 내가 진실로 속히 오리라 하시거늘 아멘 주 예수여 오시옵소서 계 22:20

우리는 순례자입니다. 아직 목적지에 도달하지 않았습니다. 나그네로 살아갑니다. 짐이 너무 무거우면 안 됩니다. 이 땅에 영구히 살 것처럼 아웅다웅하지 말아야 합니다. 순례의 길에서 중요한 것은 완주하는 것입니다.

가는 길이 거칠고 힘들 때가 있습니다. 유혹이 있고 고난이 찾아올 때 잘못된 길로 빠지지 말아야 합니다. 때로 넘어질지라도 두려워하지 않는 것은 그분의 손길이 우리와 함께하기 때문입니다.

> 그러나 이 모든 일에 우리를 사랑하시는 이로 말미암아 우리가 넉넉히 이기느니라 내가 확신하노니 사망이나 생명이나 천사들이나 권

세자들이나 현재 일이나 장래 일이나 능력이나 높음이나 깊음이나
다른 어떤 피조물이라도 우리를 우리 주 그리스도 예수 안에 있는 하
나님의 사랑에서 끊을 수 없으리라 롬 8:37-39

하나님이 우리를 붙드시는 사랑의 줄은 끊어지지 않습니다.
하나님은 우리 팔에 당신의 도장을 찍으셨습니다. 그 사랑은 죽
음보다 강합니다. 우리 삶에 별일이 다 일어나고, 홍수같이 모
든 것을 쓸어갈 것 같은 순간이 와도 두려워하지 마십시오. 하나
님의 사랑이 우리를 모든 것에서 이기게 하실 것입니다.

아가서는 성경의 어떤 책보다도 하나님과의 관계를 깊은
곳으로 안내합니다. 사랑은 추상적이지 않습니다. 온몸으로 부
딪히며 모든 것을 동원해 사랑해야 합니다. 이 사랑을 피하거
나 경험하지 못하면 어느 순간 신앙이 무기력해지기 쉽습니다.
그때부터 위선과 영적 외도, 영적 음행이 일어납니다. 하나님
이 아닌 다른 것으로 기쁨을 찾아다니게 됩니다.

사랑이 심각하게 훼손된 세상에서 우리는 방황합니다. 그
러므로 사랑의 원형이신 하나님과의 관계를 회복하는 일이 무
엇보다 중요합니다. 하나님과의 친밀함을 회복하십시오. 친밀
함 안으로 들어가십시오. 쉽지는 않지만, 그 친밀함이 주는 은
혜와 축복이 얼마나 크고 놀라운지 경험하게 되기를 바랍니다.

더 깊은 사랑을 갈망하십시오. 일상에서 그리스도와 동행
하십시오. 그것은 복 중의 복입니다. 주님을 사랑하십시오. 갈

수록 더 사랑하십시오. 그 사랑은 끝이 없습니다. 주님께 받은 사랑을 다른 사람과 나누십시오. 산다는 것은 사랑하는 것입니다. 주님과 사랑을 나누는 법을 배우고 그 사랑을 삶 속에서 나누십시오.

신앙이 힘들어지고 어려워질 때마다 아가서를 읽고 묵상하십시오. 더 이상 이별이 없는 그날이 올 것입니다. 그날 이후 우리는 주님과 영원히 함께할 것입니다. 그날까지 주님 오시는 날을 기다리는 거룩한 신부로 살아가게 되기를 바랍니다.

이 마지막 시대에 신부의 영성으로 살아가십시오. 주님과 함께 일상 속에서 더 가까이 사랑을 나누며 지치지 말고, 끝까지 주님이 부르시는 그날까지 완주하십시오. 그 영광이 여러분 모두에게 있기를 주의 이름으로 축원합니다.